Mythen und Magie der Harfe

über Dagda, Lugh, Tyr und Apollon
und über das Rufen der Seele

Impressum: Copyright: 2011 by Harry Eilenstein – Alle Rechte, insbesondere auch das der Übersetzung, vorbehalten. Kein Teil des Buches darf ohne schriftliche Genehmigung des Autors und des Verlages (nicht als Fotokopie, Mikrofilm, auf elektronischen Datenträgern oder im Internet) reproduziert, übersetzt, gespeichert oder verbreitet werden.

Herstellung und Verlag: BoD - Books on Demand, Norderstedt

ISBN: 9783753424422

Nur durch Harfe spielen lernt man Harfe spielen.

(Aristoteles)

Inhaltsverzeichnis

I Die Geschichte der Harfe

Die Geschichte der Harfe reicht mindestens 30.000 Jahre zurück bis in die späte Altsteinzeit. In dieser langen Zeit hat sie bis zu den heutigen Harfen-Formen viele Verwandlungen durchgemacht.

I 1. Die Entstehung der ersten Instrumente

Die ersten Instrumente hat es bereits in der Altsteinzeit gegeben. Sie sind damals allerdings noch sehr einfach gewesen und haben sich erst nach und nach zu den heute üblichen Formen entwickelt.

I 1. a) Gesang

Die älteste Art der Musik wird vermutlich der Gesang gewesen sein – seit wann es ihn gibt, läßt sich natürlich nicht mehr feststellen, da Singen keine materiellen Spuren hinterläßt, die Archäologen heute finden könnten. Der Vorläufer des Singens wird vermutlich das gemeinsame Rufen, Heulen, Schreien u.ä. gewesen sein, wie man es auch bei manchen Tieren findet.

Wahrscheinlich wird es anfangs keine Tonleiter, keinen Takt und keinen Rhythmus gegeben haben. Die einfachste und daher vermutlich auch älteste Tonleiter wird die Pentatonik gewesen sein, die nur aus den fünf einfachsten und harmonischsten Tönen innerhalb einer Oktave besteht.

I 1. b) Schlaginstrumente

Das älteste Instrument ist vermutlich die Trommel. Als der damalige Homo erectus vor 600.000 Jahren während der Eiszeit Eurasien besiedelt hat, konnte er dort nur mit Fellkleidung überleben. Um aus Fellen Kleidung machen zu können, war es notwendig, die Felle von Fleischresten zu reinigen, zu gerben und auf noch andere Weisen zu bearbeiten. Dazu war es wiederum notwendig, die Felle zu spannen. Das ging am einfachsten mithilfe eines elastischen Zweiges, an dem man die Enden des Fells festband. Wenn man z.B. Weidenzweige nahm, konnte man aus ihnen einen vollständigen

Kreis biegen, auf dem das Fell dann aufgespannt hing. Beim Bearbeiten wird man dann gemerkt haben, daß ein Ton entsteht, wenn man auf das Fell schlägt.

Es wird nicht lange gedauert haben, bis man erkannt haben wird, daß diese Trommeltöne am besten klingen, wenn das Fell straff gespannt ist – so straff, wie man es auch zum Reinigen braucht.

Als man dann viel später Holz spalten konnte, benutzte man auch ein dünnes, gebogenes Holzbrett zum Aufspannen der Felle beim Gerben – wodurch man einen deutlich besseren Klang beim Trommeln erhielt. Diese Art der Rahmentrommel ist die Form der Trommel, die sich bei allen Völkern als früheste Form findet.

I 1. c) Blasinstrumente

In der Höhle mit dem Namen „Hohle Fels" in der Schwäbischen Alp wurden ca. 50 Flöten gefunden, die vor 35.000 Jahren aus Geier-Flügelknochen gefertigt worden sind. Entweder gab es hier ein Steinzeit-Flötenorchester oder jemanden, der sich auf das Herstellen von Flöten spezialisiert hatte und davon gelebt hat – ein sehr früher Flötenbauer. Es gab jedoch auch schon 10.000 Jahre vorher vereinzelt Flöten – aus den verschiedensten Knochen wie z.B. dem Unterkiefer eines Höhlenbären. Die Flügelknochen des Geiers waren jedoch für die Herstellung der differenzierteren Flöten am besten geeignet, da sie lang und hohl waren.

Vermutlich reicht das Herstellen von Flöten jedoch noch deutlich weiter zurück, da es anzunehmen ist, daß man irgendwann einmal zufällig über einen hohlen Knochen oder ein Schilfrohr geblasen und dabei ungewollt einen Ton produziert hat. Leider läßt sich aus Mangel an archäologischen Funden nicht sagen, wann diese Entdeckung gemacht worden ist.

Vermutlich sind die ersten Flöten Panflöten gewesen, da sich diese leichter herstellen lassen und man auch mit größerer Wahrscheinlichkeit per Zufall entdeckt haben wird, daß man beim Blasen über eine Röhre, die unten verschlossen ist, einen Ton erzeugen kann. Da lag es nahe, mehrere solche Schilfrohr-Röhren nebeneinander zu benutzen, um verschiedene Töne erzeugen zu können.

Das Anblasen eines Rohres, das unten offen ist, erforderte schon etwas mehr Kreativität. Diese Möglichkeit hat man vermutlich beim Herausholen des Marks aus Röhrenknochen entdeckt.

Der nächste Schritt war dann das Bohren von Löchern in diese Knochen gewesen sein, wodurch man dann die Tonhöhe variieren konnte. Dieses Prinzip könnte man bei einem hohlen Knochen, der an einer Stelle ein Loch hatte, entdeckt haben.

Die Geierflügelknochen-Flöten aus der Schwäbischen Alp sind Flöten der „4. Generation".

Diese „vier Generationen" sind:

1. ein einzelnes, unten geschlossenes Rohr;
2. mehrere solcher Rohre nebeneinander („Panflöte");
3. ein angeblasenes offenes Rohr;
4. ein angeblasenes offenes Rohr mit Grifflöchern.

Die Löcher in diesen Flöten waren zwar näherungsweise pentatonisch (wie die erhaltenen Flöten zeigen), aber mit etwas Geschick konnte man auf ihnen durch halbgeschlossene Löcher u.ä. auch Halbtöne spielen.

Wenn man diese Vorgeschichte bedenkt, sollten die ersten Flöten lange vor 33.000 v.Chr. bekannt gewesen sein. Wann das genau gewesen ist, läßt sich leider nicht sagen, da sich Schilfflöten leider nicht lange erhalten.

Anhand der Löcher auf den Flöten sowie des Klanges der Steinzeit-Flöten, auf denen man heute noch spielen kann, lassen sich die Tonleitern rekonstruieren, die damals benutzt worden sind. Diese Tonleitern sind jedoch nicht präzise gebohrt, sondern nur ungefähr – und es gibt bei ihnen auch mehr als nur eine Tonleiter.

Die folgende Liste zeigt an, wieviele Halbtöne Abstand zwischen den Löchern von einigen dieser Flöten liegt. Es ist deutlich erkennbar, daß damals noch danach gesucht worden ist, was die beste Art, die Löcher anzubringen, sein könnte. Vermutlich hat man damals zumindestens schon erkannt gehabt, daß Oktaven und Quinten sehr harmonisch klingen.

Die einfachste Form der Bohrungen ist der stets gleiche Abstand zwischen zwei Löchern. Dabei gibt es keine Quinten, aber der sechste Ton ist eine Oktave (wenn der Abstand paßt) – er ist in der Übersicht fett und kursiv gedruckt. Der Grundton ist fett dargestellt. Die kursiven, aber nicht fetten Töne, die in der normalen diatonischen Tonleiter vorkommen, sind kursiv gedruckt.

Links sind die Tonabstände zu sehen, rechts die Töne, die sich daraus ergeben, wenn die Folge mit einem „c" beginnen würde. In der Liste steht immer ein Ton mehr als Tonabstände, da sich ein Tonabstand aus zwei Tönen ergibt.

Dies sind Beispiele von Steinzeit-Flöten, bei denen die Löcher alle denselben Abstand haben, der hier mit „2" (zwei Halbtonschritte) gekennzeichnet ist.

2 – 2 – 2 – 2 – 2 – 2 – 2	**c** – *d* – *e* – fis – gis – b – ***c*** – cis
2 – 2 – 2 – 2 – 2 – 2	**c** – *d* – *e* – fis – gis – b – ***c***
2 – 2 – 2 – 2 – 2 – 2	**c** – *d* – *e* – fis – gis – b – ***c***
2 – 2 – 2 – 2 – 2	**c** – *d* – *e* – fis – gis – b
2 – 2 – 2 – 2	**c** – *d* – *e* – fis – gis
2 – 2 – 2 – 2	**c** – *d* – *e* – fis – gis
2 – 2 – 2	**c** – *d* – *e* – fis

Es wurde mit verschiedensten Abstands-Folgen experimentiert. Manche hatte nur eine einzige Abweichung bei den Loch-Abständen – die in zwei Fällen auch das Spielen einer Quinte („g") ermöglichte, die hier fett und unterstrichen markiert ist:

3 – 3 – 3 – 2 – 3 – 3	c – dis – fis – a – h – cis – e
3 – 2 – 2 – 2 – 2 – 2	c – dis – f – **g** – a – h – cis
2 – 3 – 2 – 2 – 2	c – d – f – **g** – a – h

Anscheinend wurde auch mit einem regelmäßigen Wechsel von 2 und 3 Halbtonschritten experimentiert, wodurch sich in einem Fall eine Quinte ergeben hat:

2 – 3 – 2 – 3	c – d – f – **g** – b
3 – 2 – 3 – 2	c – dis – f – gis – b
3 – 2 – 3	c – dis – f – gis

Manche dieser Flöten sind nur unvollständig erhalten, sodaß die Tonfolgen möglicherweise noch länger gewesen sind.

Es gab auch Flöten mit nur einem einzigen Loch. Auf ihnen konnte man also nur zwei verschiedene Töne spielen.

In einem Fall ist sogar wie auf manchen heutigen Blockflöten bei dem höchsten Ton ein kleines zweites Loch gleich unterhalb des normalgroßen Loches gebohrt worden – wodurch man an dieser Stelle auch einen präzisen Halbton spielen kann.

Diese Steinzeit-Flöten wurden mithilfe einer Kerbe am Ende der Flöte („Spalt") angeblasen.

Die Tonfolge, die die einfachsten Intervalle enthält, ist die Pentatonik. Sie ergibt sich aus dem Grundton, der Oktave, dann der Quinte, sowie schließlich noch der Sekunde, der Quarte und der Sexte. Diese Tonschritte (Intervalle) sind in der folgenden Liste durch die Anzahl der Halbtonschritte angegeben.

Diese vermutete Entwicklung der Pentatonik sieht wie folgt aus:

0	c
0 – 12	c – c
0 – 7 – 5	c – **g** – c
0 – 2 – 3 – 2 – 2 – 3	c – d – f – **g** – a – c

Wann diese pentatonische Tonleiter entstanden ist, läßt sich nicht genau sagen. Vor 40.000 Jahren hat es sie jedenfalls noch nicht gegeben – vermutlich auch nicht im Gesang.

Wann die ersten pentatonisch gestimmten Melodie-Instrumente in Europa, Asien und Afrika entwickelt worden sind, ist nicht vollkommen sicher. Diese Stimmung ist dadurch entstanden, daß die pentatonische Tonleiter aus den einfachsten Intervallen besteht und daher sehr harmonisch klingt: Dies ist auch die Tonleiter, die Kinder spontan und improvisiert benutzen, weshalb auch viele Kinderlieder eine pentatonische Tonleiter benutzen.

Man kann mit einiger Berechtigung vermuten, daß die Pentatonik spätesten in der frühen Jungsteinzeit, eher noch in der später Altsteinzeit entstanden ist. Es ist zwar auch denkbar, daß der Gesang schon sehr viel früher pentatonisch geprägt gewesen ist – allerdings wäre es dann seltsam, daß die Löcher der Flöten nicht ebenfalls pentatonisch gebohrt worden sind.

I 1. d) Saiteninstrumente

Vor 30.000 Jahren ist der Bogen erfunden worden, mit dem man Pfeile schießen kann. Wenn man mit einem Bogen schießt, entsteht beim Loslassen der Sehne ein heller Ton – der Bogen ist das erste Saiteninstrument gewesen …

Vermutlich hat nicht allzulange nach der Erfindung des Bogens ein pfiffiger Musikliebhaber probiert, mehrere Sehnen an einen Bogen zu spannen, um auf diese Weise verschiedene Töne erzeugen zu können.

Es läßt sich natürlich nicht nachweisen, aber es wäre gut denkbar, daß dieser Musiker bereits eine Rahmentrommel und eine Geierflügelknochen-Flöte mit Grifflöchern besessen hat und auch gerne gesungen hat. Dieser Musiker könnte durchaus schon versucht haben, die Sehnen seines Musik-Bogens so zu stimmen, daß sie zu den Tönen seiner Geierflöte gepaßt haben.

I 1. e) Zeitliche Übersicht

Die verschiedenen Instrumente sind spätestens zu den folgenden Zeiten entstanden:

Gesang	vermutlich vor mehr als	1.000.000 Jahren
Rahmentrommel	vor	600.000 Jahren
Flöten	vor	45.000 Jahren
Saiteninstrumente	vor	30.000 Jahren

Die Steinzeit-Musiker sind also sehr, sehr lange Zeit nur Sänger und Trommler gewesen …

I 2. Die Entwicklung der Harfe

1. Der Anfang der Harfe war der Bogen mit einer Sehne – das einfachste aller Saiteninstrumente.

2. Der erste Entwicklungsschritt war der Musik-Bogen mit mehren Saiten. Dieses Modell wird „Bogenharfe" genannt. Vermutlich wird es recht bald auf „Grundton – Quinte – Oktave" gestimmt gewesen sein.

3. Da der Ton einer solchen Bogenharfe nicht sehr laut ist, wird man schon bald nach Möglichkeiten gesucht haben, ihn zu verstärken. Vermutlich ist die Variante eines Klangkörpers, die noch heute in Afrika benutzt wird, die älteste Form: ein ausgehöhlter Kürbis, den man an den Bogen gebunden hat. Man hat auch die hohlen Panzer von Schildkröten als Klangkörper benutzt – so ist die Leier entstanden. Später wurden dann aus Brettern kleine Kästen hergestellt, die als Klangkörper an dem Bogen gedient haben.

4. Die nächste Weiterentwicklung ist von den Sumerern und Ägyptern bekannt: die Winkelharfe. Bei ihr ist der aus Brettern gefertigte Klangkörper so hoch wie bei den vorigen Modellen der gesamte Bogen. Das verbesserte den Klang, aber es gab nun keinen Bogen mehr, in dem man die Saiten aufspannen konnte. Daher befestigte man ein weiteres Brett oder einen Stab im rechten Winkel zu dem Klangkörper – nun konnte man die Saiten zwischen dem unteren Ende des Klangkörpers und dem Querbrett aufspannen.

5. Bei der Winkelharfe zeigte sich jedoch, daß der Zug der Saiten die Befestigung des waagerechten Stabes an dem senkrechten Klangkörper sehr stark belastet hat. Daher fügte man noch einen Stab, der von dem unteren Ende des Klangkörpers zu dem vorderen Ende des Stabes führte. Diese „Rahmentrommel" genannte Variante ist also aus statischen Gründen entstanden – sie ist ein hölzernes Dreieck, seltener auch ein Viereck.

6. Schließlich ist der Stab oben an der Harfe in geschwungener Form hergestellt worden, da es dadurch möglich wurde, die Saiten in gleichem Abstand anzubringen und zugleich in ungefähr derselben Spannung zu stimmen, da der Bogen die Länge der Saiten auf eine dafür passende Weise variiert. Schließlich wurde aus rein optischen Gründen auch noch der „Trägerstab" der Rahmentrommel gebogen.

7. Die jüngste Entwicklung ist die Konzertharfe, die knapp 50 Saiten hat – also wie das Klavier 7 Oktaven. Durch Pedale lassen sich die Töne in zwei Stufen um jeweils einen halben Ton erhöhen, sodaß man auch die „schwarzen Tasten", also die Halbtöne in der Tonleiter zur Verfügung hat. Die einfachen Harfen verfügen nur über die „weißen Tasten", also über eine normale Dur- oder Moll-Tonleiter ohne weitere Halbtöne, d.h. über sieben Töne pro Oktave. Die Konzertharfe verfügt zwar auch nur über 7 Saiten pro Oktave, aber aufgrund der Pedale dennoch über alle 12 Halbtöne.

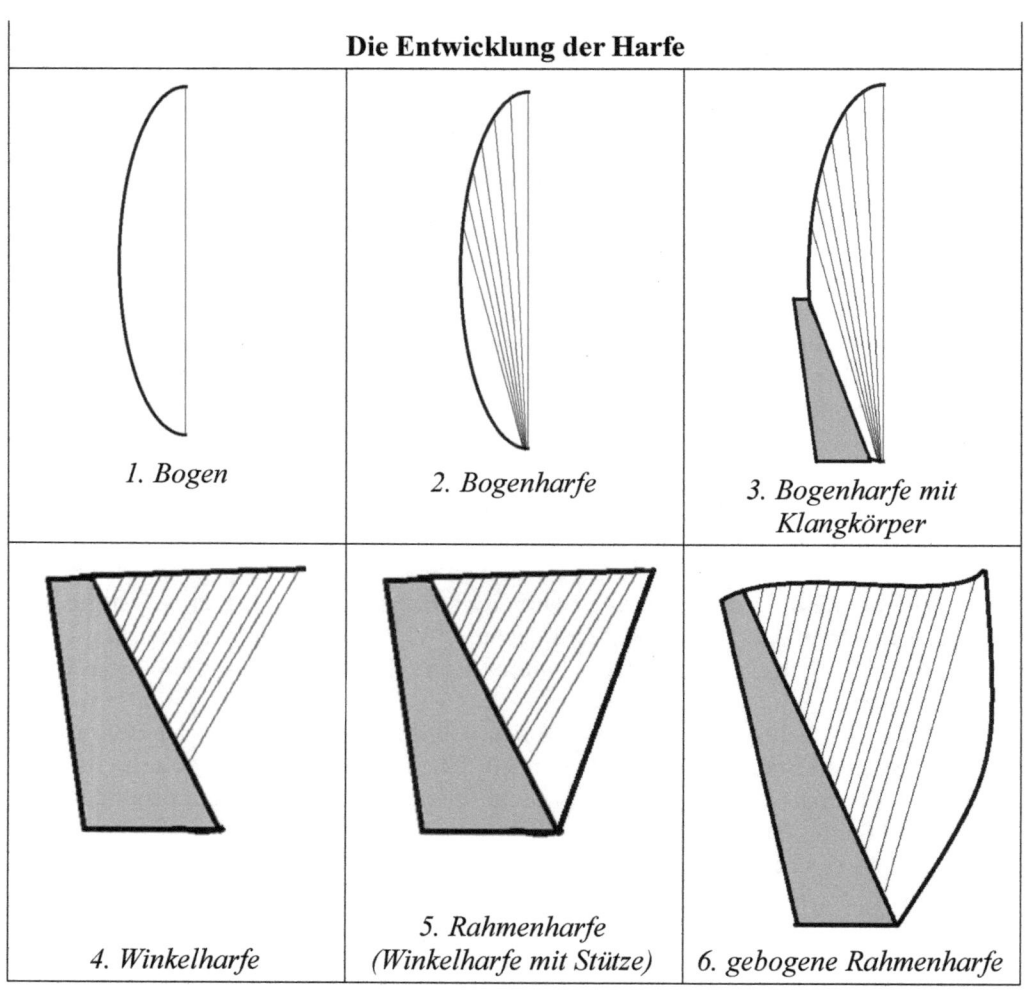

Die Entwicklung der Harfe

1. Bogen	*2. Bogenharfe*	*3. Bogenharfe mit Klangkörper*
4. Winkelharfe	*5. Rahmenharfe (Winkelharfe mit Stütze)*	*6. gebogene Rahmenharfe*

In der Übersicht auf der nächsten Seite sind einige alte Harfen zu sehen.

alte Harfenformen

Sänger, Harfner, Hornbläser und Trommler

Elam (Südost-Mesopotamien), 3200 v.Chr.

viereckige Rahmenharfe

Sumer (Süd-Mesopotamien), 2600 v.Chr.

Sänger mit Bogenharfe mit gebogenem Klangkörper

Ägypten, 1400 v.Chr.

Flötistin, „Gitarristin" und Harfnerin

Ägypten, 1390 v.Chr.

Sänger mit Winkelharfe

Ägypten, 800 v.Chr.

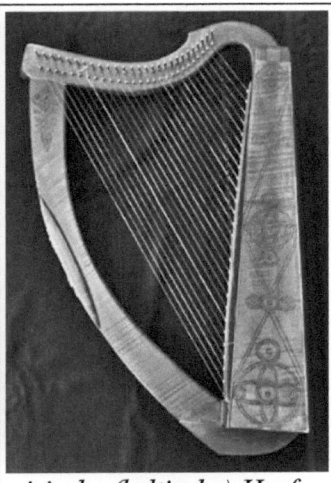

irische (keltische) Harfe im Stil der Harfe des Königs Brian Boru

Irland, 1000 n.Chr.

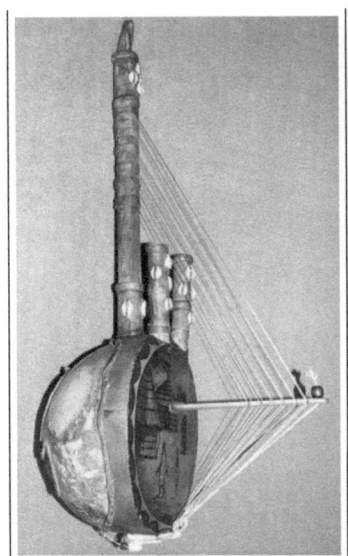

Kürbisharfe

Afrika

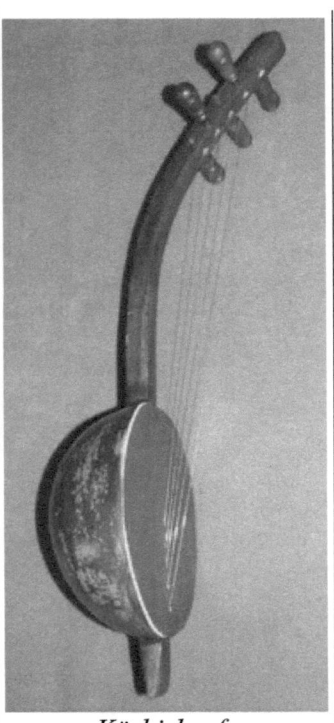

Kürbisharfe

Indonesien

2Euro-Münze

Irland

14

I 3. Die Teile der Harfe

Die meisten Teile der Harfe haben traditionellen Namen. Man kann sie zum besseren Verständnis ihrer Funktion den Körperteilen des Menschen vergleichen.

1. der hölzerne Rahmen

- <u>Fuß, Sockel</u>: Dies ist der Sockel bei den Standharfen, also vor allem bei der Konzertharfe – eben ihr *„Fuß"*. Bei den anderen Harfen ist es der (deutlich unauffälligere) Teil der Harfe, der den Boden berührt.
- <u>Säule</u>: Dies ist der senkrechte Pfosten bei der böhmischen Harfe und bei der Konzertharfe bzw. der einfache C-förmige Bogen bei der irischen Harfe. Er ist das *„Rückgrat"* der Harfe.
- <u>Klangkörper, Korpus</u>: Dies ist der hölzerne Kasten mit einem Loch, der den Saiten-Klang verstärkt. Er ist der *„Bauch"* der Harfe – genaugenommen ihre *„Lunge"*.
- <u>Resonanzdecke, Decke</u>: Dies ist die obere Platte des Klangkörpers, an der die Saiten befestigt sind – er entspricht in etwa dem *„Bauchfell"*.
- <u>Aufhängeleiste</u>: Auf der Resonanzdecke befindet sich eine dünne Leiste, durch die die Saiten hindurchgefädelt werden. Sie dient der Verstärkung der Resonanzdecke, die den gesamten Zug der Saiten aushalten muß. Man könnte sie dem *„Brustbein"* vergleichen.
- <u>Hals</u>: Dies ist der S-förmig gebogene Querbalken am oberen Ende der Harfe. Er ist, wie sein Name schon sagt, der *„Hals"* der Harfe.
- <u>Knie</u>: Die gebogene Stelle zwischen Klangkörper und Hals wird *„Knie"* genannt. Eigentlich sollte der Klangkörper dann das Schienbein sein ...
- <u>Kopf</u>: Dies ist das obere Ende der Säule bzw. das Ende des Halses über der Säule: Als Ende des Halses und des Rückgrats ist er der *„Kopf"*.
- <u>Stirn</u>: Die Seite, die vorne am Kopf der Harfe liegt und von den Saiten fortblickt, ist sozusagen die *„Stirn"* des Kopfes. Diese Stelle der Harfe wird am häufigsten verziert – dort sitzt das „Dritte Auge" (Stirn-Chakra) der Harfe, also die Ausrichtung und das Ziel der Harfe. Das Symbol, der Edelstein, der geschnitzte Kopf usw. an dieser Stelle prägt den Charakter der Harfe am stärksten.

2. Die Saiten

- <u>Saiten</u>: Dies sind die Drähte aus Metall, Nylon oder Darm, die durch Zupfen zum Schwingen gebracht werden. Sie sind die *„Stimmbänder"* der Harfe.

- <u>Stimmstifte</u>: Mithilfe der drehbaren Metallstifte am Hals der Harfe werden die Saiten gestimmt. Sie entsprechen den *„Muskeln im Hals"*, die die Spannung der Stimmbänder und somit die Tonhöhe regulieren.

- <u>Mechanik</u>: Dies sind die im Inneren von Säule und Hals verborgenen beweglichen Teile der Pedalharfe (=Konzertharfe), durch die bei ihr die Tonhöhe der Saiten während des Spielens um einen oder zwei Halbtöne verändert werden kann. Diese Mechanik kann aus bis zu 2500 Einzelteilen bestehen. Auch sie entspricht den *„Halsmuskeln"*, die die Tonhöhe der von den Stimmbändern erzeugten Töne regulieren.

<u>Pedale</u>: Mit ihrer Hilfe kann die Tonhöhe bei den Pedalharfen um einen oder zwei Halbtöne variiert werden. Sie entsprechen daher wieder den *„Halsmuskeln"*.

- <u>Bereiche auf den Saiten</u>: Je nachdem, wo man an einer Saite zupft, kann man verschiedene Klangfarben des Tones erzeugen. Am vollsten klingt er, wenn man ihn in der Mitte zupft; am Rand klingt er heller und verhaltener. Diese Modulation des Tones entspricht der Haltung von *„Mund und Zunge"*.

I 4. Die „Kinder der Harfe"

Von dem „klingenden Bogen" leiten sich alle Saiteninstrumente sowie die auf Saiten basierenden Tasteninstrumente ab.

Vom gezupften Bogen bis hin zur Rahmenharfe verlief die Entwicklung ziemlich gradlinig: Mehrere Saiten wurden gezupft und durch einen Klangkörper ergänzt.

Ab der Rahmenharfe verlief die Entwicklung jedoch in mehren verschiedenen Ästen weiter, die sich durch die Art der Tonerzeugung auf den Saiten unterscheiden:

1. Zupfen   Der Klangkörper wurde neben den Saiten angebracht – zunächst nur halb so hoch wie die Saiten (Lyra, Leier), dann komplett hinter den Saiten (Zither, Psalter). Diese Saiten wurden weiterhin gezupft (dies ist auch der Ursprung des Cembalos). Vermutlich ist erst bei diesen Instrumenten ein Federkiel zum Zupfen benutzt worden („Plektrum"), wodurch der Klang voller wurde – zumindestens sind bei den frühen Abbildungen von Harfen keine Federkiele o.ä. dargestellt worden.

2. Hämmern   Die Saiten der Zither konnten nicht nur gezupft, sondern auch gehämmert werden (Hackbrett; später auch Klavier).

3. Streichen   Die Saiten des Psalters konnte weiterhin auch man mit einem Bogen anstreichen. Vermutlich hat man schon früh entdeckt, daß man auch durch das Aneinanderreiben der Sehnen von zwei Bögen einen Ton erzeugen konnte – insbesondere dann, wenn man eine der Sehnen mit Harz („Kolophonium") eingerieben hat (Geige, Psalter).

4. Wind   Die Entdeckung, daß Wind gespannte Saiten zum Klingen bringen kann (ähnlich den straff gespannten Drähten von Zäunen rings um Viehweiden), wird wohl Zufall gewesen sein. Solch eine Äolsharfe, die auch Aeolsharfe, Geisterharfe, Windharfe und Wetterharfe genannt wird, ist meistens recht groß und hat lange Saiten. Sie hat eher die Form einer Zither als einer Harfe. Sie besitzt meist mehrere Saiten, die gleich hoch gestimmt sind. Sie kann je nach Windgeschwindigkeit verschiedene Obertöne und je nach Windstärke verschiedene Lautstärken erzeugen. Die Windharfe ist seit der Antike bekannt und soll auch von den Kelten an der Küste Britanniens aufgestellt worden sein, um Feinde zu vertreiben. Die größte bekannte Windharfe stand um 1780 in Basel und war 100m lang und 50m hoch.

Eine grundlegende Neuerung ist das Griffbrett gewesen. Möglicherweise hat man auch schon bei der einsaitigen Bogenharfe die Saite an verschieden Stellen an den Bogen gedrückt, um so verschiedene Tonhöhen zu erzeugen. Der Aufbau der Griffbrett-Instrumente ist derselbe wie bei der Harfe mit Klangkörper: ein Klangkörper an einem Ende eines Bogens, an dem die Saiten gespannt sind.

Aus diesem Modell entstanden dann fast alle heute üblichen Zupf- und Streich-instrumente wie Gitarre und die Geige.

Das Spinett und das Cembalo sind eine gezupfte Zither, bei der das Zupfen durch Tasten-gesteuerte Federkiele bewirkt wird. Da bei dieser Methode nur eine Lautstärke möglich war, ersetzte man die Federkiele (wie beim Hackbrett) durch kleine Häm-merchen, woraus das Klavier und der Flügel entstanden.

Das Ersetzen der Saiten einer Zither durch Metall-Lammellen (dünne, längliche Metallstreifen) führte zu der kleinen Gruppe der Lamellen-Instrumente, von denen die afrikanische Kalimba vermutlich am bekanntesten ist.

Die Familie der Saiten-Instrumenten hat den folgenden Stammbaum:

- <u>Bogen zum Schießen</u> von Pfeilen
    - <u>einsaitiger Bogen zum Klangerzeugen</u>
       - mehrsaitiger Bogen: <u>Bogenharfe</u>
          - mehrsaitige <u>Bogenharfe mit Klangkörper</u> (Kürbis, Kasten u.ä.)
            - <u>Winkelharfe</u> mit seitlichem Klangkörper
               - <u>Rahmenharfe</u> mit seitlichem Klangkörper
                 - <u>Lyra/Leier</u>: der Klangkörper ist nur halb so hoch wie die Saiten)
                 - <u>Zither</u>: der gesamte Raum hinter den Saiten ist ein Klangkörper = Saiten auf einem kastenförmigen Klangkörper
                   - <u>Spinett/Cembalo</u>: mit Tasten bewegte Federkiele, die die Saiten in dem kastenförmigen Klangkörper zupfen
                 - <u>Hackbrett</u>: mit kleinen „Hämmern" angeschlagene Zither-Saiten
                   - <u>Klavier/Flügel</u>: mit Tasten bewegte „Hämmer", die die Saiten anschlagen
                 - <u>Windharfe</u>: die Saiten werden vom Wind zum Schwingen ge-bracht
                 - <u>Psalter</u>: längliche Zither, gezupft oder mit einem Bogen gestrichen
                   - <u>Ergänzung durch ein Griffbrett</u>, um die Tonhöhe zu variieren:
                      - <u>Laute, Gitarre, Sitar, Saz usw.</u>: gezupft
                      - <u>Geige, Cello, Psalter, Sarangi usw.</u>: gestrichen
                 - <u>Kalimba</u>: Ersetzen der Saiten durch längliche Metallplättchen („Lamellen")

I 5. Das Wort „Harfe"

Bei einer der ersten Erwähnungen des Wortes „Harfe" in der schriftlichen Überlieferung wird die Harfe um 580 n.Chr. als Instrument der „Barbaren" von der römischen Leier und der keltischen Chrotta (Streich-Leier, eine Art Psalter) unterschieden. Die Harfe selber und auch das Wort „Harfe" stammen daher vermutlich von den Germanen („Barbaren").

Der Ursprung des Wortes „Harfe" ist das indogermanische Verb „skerb" für „krümmen, drehen", das sich im Deutschen heute u.a. noch als „schrumpfen", „Krampf" und „Korb" findet.

Dieses indogermanische Wort ist auf allerlei Weisen weiterentwickelt worden. Es z.B. ist der Ursprung des griechischen „arpe" für „Sichel, Hakenschwert" – die Sichel und das Hakenschwert sind also als „Gedrehtes, Gekrümmtes" benannt worden. Weiterhin stammt auch das lateinische „carpere" für „pflücken" von dem indogermanischen Verb „skerb" ab – beim Pflücken zupft man mit gekrümmten Fingern z.B. den Apfel vom Baum. Von dem lateinsichen „carpere" für „pflücken" leitet sich wiederum das englische „harvest" für „Ernte" und das deutsche „Herbst" ab – sowohl „harvest" als auch „Herbst" bedeuteten ursprünglich „Zeit, in der man Obst und Gemüse pflückt".

Im Griechischen gehört auch noch das Wort „Harpyie" zu dieser Wortgruppe. Es bedeutet wörtlich „Reißer". Die Harpyien sind Vögel mit Frauenköpfen, d.h. die im Totenkult vervielfältigte Jenseitsgöttin als Mutter der Seelenvögel (vergleiche die Vogelgöttinnen der Kelten oder die Walküren der Germanen). Sie wurden auch als Sturmbringer aufgefaßt. Sie sind vermutlich nach ihren „gekrümmten" Krallen und Schnäbeln benannt worden.

In den germanischen Sprachen hat sich das indigermanische Verb „skerb" zu dem Verb „harpon" für „zupfen" weiterentwickelt (skerp → kerp → karp → harp-on). Davon leiten sich isländisch „harpa" für „kneifen", altfränkisch/altfranzösisch „harper" für „greifen, packen" und französisch „harpe" für „Kralle, Klaue" sowie „harpon" für „Eisenklammer, Harpune" ab.

Die Harfe ist folglich das „Instrument, dessen Saiten mit gekrümmten Fingern gezupft werden".

Die älteste bekannte Bezeichnung für eine Harfe ist ca. 5000 Jahre alt und stammt aus Sumer. Sie lautet „gish-balag", was wörtlich „Holz-Instrument" bedeutet und alle Saiteninstrumente bezeichnet hat.

Die früheste namentlich bekannte Harfenspielerin ist die Ägypterin Hekenu, die um 2400 v.Chr. gelebt Hat. Sie hat mit ihrer Harfenmusik die Sängerin Iti begleitet.

II Die Mythologie der Harfe

Einige Instrumente haben eine eigene Mythologie entwickelt: die Schilfrohrflöte des Pan, die Querflöte des Krishna, die Harfe des Dagda, die Trommel des Shiva, die Rassel des Hanuman, die Vina der Sarasvati usw.

II 1. Die Symbolik der Harfe

Die Symbolik der Harfe ist recht schlicht: Sie beruht auf dem richtigen Stimmen der Saiten – nur richtig gestimmt sind sie ein harmonisches Ganzes, nur dann kann auf ihnen gespielt werden. Daher ist die Harfe wie das Rad ein Symbol der Richtigkeit – auch das Rad kann seine Aufgabe nur erfüllen, wenn es richtig ist, d.h. wenn es vollkommen rund ist.

Diese Richtigkeit ist der zentrale Begriff der Jungsteinzeit: Er beschreibt das richtige, sinnvolle, effektive Verhalten des Menschen in der Welt und auch den richtigen Zustand der Dinge, die von den Menschen benutzt werden. So muß z.B. die Achse einer Töpferscheibe gerade und genau im Zentrum sein, das Getreide muß zum richtigen Zeitpunkt ausgesät und geerntet werden, die Heilungen müssen auf die richtige Weise durchgeführt werden usw.

Für diese Richtigkeit sind bei den Indogermanen das Rad und die Harfe die wichtigsten Symbole gewesen.

Es gibt dieses Konzept und einen Begriff für ihn jedoch auch bei vielen anderen Völkern:

Ägypter:	*ma'at*	(„Mutter")
Sumerer:	*me*	(„Mutter")
Germanen:	*sidr*	(„althergebrachte Weise")
Chinesen:	*tao*	(„Weg")
Tibeter:	*tashi*	(„glückliches Schicksal")
Navahos:	*ho'zhong*	(„Schönheit")
Römer:	*ritus*	(„Rad")
Hethiter:	*aya*	(„Rad")
Perser:	*asha*	(„Rad")
Inder (alt):	*rita*	(„Rad")
Inder (neu):	*dharma*	(„Versmaß")
Kelten:	*fhirinne*	(„Wahrheit")
Slawen:	*prawda*	(„Wahrheit")
Griechen:	*dikaios*	(„Gerechtigkeit")

Der persönliche Anteil am dieser Richtigkeit wird durch die eigene Seele verkörpert. Diese Richtigkeit läßt auch das eigene Handeln effektiv werden – dazu gab es bei den Sumerern ein Sprichwort: *„Ohne das eigene Me gelingt einem nichts – mit dem eigenen Me gelingt einem alles."* Das „Me" ist sowohl allgemein die Richtigkeit als auch die eigene Seele und die Muttergöttin – in diesem Sprichwort ist vor allem die eigene Seele gemeint, wobei sich die Richtigkeit dadurch ergibt, daß man im Einklang mit der eigenen Seele handelt und dadurch in der Geborgenheit bei der Muttergöttin bleibt.

Die verschiedenen konkreten Bedeutungen der Begriffe, mit denen die Richtigkeit bezeichnet wird, ergeben insgesamt eine Beschreibung der Geschichte dieser Richtigkeit:

Ursprünglich ist die Muttergöttin auch die <u>Mutter</u> der Seele und somit der Richtigkeit gewesen – zudem ist die Richtigkeit aus der Geborgenheit heraus entstanden, die durch die Schwitzhütte der Großen Mutter, also durch ihren Schwangerschafts-Bauch, in der sich der Mensch befindet, symbolisiert wird.

Diese Richtigkeit wird durch die Tradition bewahrt und wird dadurch zu der <u>althergebrachten Weise</u> und zu dem richtigen <u>Weg</u>.

Die Wirkung des richtigen Verhaltens ist das <u>glückliche Schicksal</u> und die <u>Schönheit</u>, die man selber, die eigene Haltung und die eigenen Handlungen ausstrahlen. Diese Wirkung wird im Buddhismus „grenzenlose Freude" genannt.

Das <u>Rad</u> und das <u>Versmaß</u> sind schon etwas formalere Beschreibungen dieser Richtigkeit. Zu ihnen gehört auch die Harfe, aus deren Name jedoch in keiner Sprache eine Bezeichnung für die Richtigkeit entstanden ist.

Schließlich entwickelte sich dieser zentrale Begriff aus der Jungsteinzeit im Königtum zu „<u>Wahrheit</u>" und „<u>Gerechtigkeit</u>" weiter.

Das Rad als Symbol der Richtigkeit ist auch mit den sieben Chakren assoziiert, deren Name wörtlich „Rad" bedeutet. Der Ursprung der Bezeichnung „Chakra" liegt zwar vermutlich hauptsächlich in der Wahrnehmung des Rotierens in den erwachten Chakren, aber die Assoziation zu der „Rad-Richtigkeit" ist durchaus passend.

Man sollte eigentlich davon ausgehen können, daß es vor allem in Mesopotamien sowie später bei Pythagoras die Symbolik einer siebensaitigen Harfe gegeben hat, die die sieben Saiten den sieben mit bloßem Auge sichtbaren Planeten gleichsetzt – aber eine solche Symbolik scheint es nicht gegeben zu haben, obwohl sie doch recht naheliegend ist.

II 2. Harfen-Götter

Die drei Götter, die fest mit einer Harfe oder Leier assoziiert worden sind, stammen von den westlichen Indogermanen. Sie sind alle drei der Sonnengott-Göttervater des betreffenden Volkes bzw. ein verselbständigter Aspekt dieses Gottes:

- Apollon	- Griechen	- Sonnengott, Aspekt des Zeus
- Dagda	- Kelten	- Sonnengott-Göttervater im Diesseits (im Jenseits heißt er Nuada)
- Bragi	- Germanen	- Sohn des Göttervaters Odin und vor 500n.Chr. vermutlich ein Aspekt des Sonnengott-Göttervaters Tyr

Ursprünglich ist es die Muttergöttin gewesen, die den Menschen die Geborgenheit und die Richtigkeit gegeben hat. Daraus entwickelte sich dann in der Jungsteinzeit ein Kult, in dem diese Richtigkeit durch Rituale aufrechterhalten wurde. In der späten Jungsteinzeit und im frühen Königtum wurde dann der König zum Erhalter der Richtigkeit im Königreich. Entsprechend wurde auch der Sonnengott-Göttervater, der der symbolische Vater des Königs war, zu dem umfassenden Erhalter dieser Richtigkeit – dieser Gott war der „Himmelskönig".

Daher sind die Harfen-Götter allesamt Sonnengott-Götterväter: Ihr Spielen auf der Harfe ist das Symbol für das Erhalten der Richtigkeit, durch die sich der Jahreslauf endlos dreht, das Getreide wächst, Vieh geboren wird, die Menschen gesund bleiben, der König lange lebt, das Reich nicht angegriffen wird, die traditionelle Ordnung erhalten bleibt usw.

Insbesondere bei den Hymnen an den Sonnengott Re aus dem Mittleren Reich im Alten Ägypten wird der Zusammenhang zwischen der Ma'at (Richtigkeit) und Re (Sonnengott) auf immer neue Weise beschrieben: Die Sonne ißt Ma'at, trinkt Ma'at, atmet Ma'at, spricht Ma'at, ist Ma'at, strahlt Ma'at aus usw.

Es wäre naheliegend, die Harfe des Sonnengott-Göttervaters als golden oder als strahlend anzusehen, aber dieses Motiv scheint es nicht gegeben zu haben – falls nicht die goldene Harfe in dem englischen Märchen „Jack and the Beanstalk" auf eine solche goldene Harfe in den keltischen-germanischen Mythen in Großbritannien zurückgeht.

Das Fehlen der „goldenen Harfe" und auch der „Harfe mit den sieben Planeten-Saiten" läßt vermuten, daß die Harfen-Symbolik zwar wichtig gewesen ist, aber eben doch nicht so wichtig, daß man alle möglichen Facetten dieser Symbolik ausgeschöpft hätte.

Dies mag auch daran gelegen haben, daß das Rad als Teil des indogermanischen

Streitwagens, der der damalige „Panzer" gewesen ist, deutlich wichtiger gewesen ist als die Harfe, die vor allem für die damaligen Sänger von Bedeutung gewesen ist – weshalb das Rad der Krieger und nicht die Harfe der sänger bei den kriegerischen Indogermanen zum Haupt-Symbol für die Richtigkeit geworden ist. Das Rad scheint auch das ältere Symbol gewesen zu sein, da es bei allen Indogermanen vorkommt, aber die Harfe bzw. Leier nur bei den West- und Mittel-Indogermanen.

Vermutlich ist die Harfen-Symbolik vor allem von den Sängern selber entwickelt worden, die damals die Lobpreisungen ihrer Fürsten und die Hymnen an ihre Götter gesungen haben.

II 2. a)   Kelten

Lebor Gabala

Im „Buch der Einwanderung" wird berichtet, wie der Sonnengott Lugh Samildanach, der in früher Zeit der König der Tuatha de Danan, also der keltischen Götter gewesen ist, seine Fertigkeiten als Harfner zeigt und dabei alle drei magischen Saiten seiner Harfe benutzt. Diese drei Saiten lassen die Menschen tanzen, weinen oder schlafen.

Später in der Geschichte benutzt der Sonnengott-Göttervater Dagda die Freude-Saite, die Sorgen-Saite und die Schlaf-Saite der Harfe, um die Fomoren (Riesen) zu bestrafen, die seine Harfe gestohlen hatten.

Da das Schlafen in fast allen Mythologien mit dem Tod und mit der Astralreise bzw. mit der Jenseitsreise assoziiert worden ist, erscheint der Sonnengott Dagda bzw. Lugh hier auch als Jenseitsreisender – die Sonne durchquert jede Nacht die Unterwelt von ihrem Untergangspunkt im Wesen zu ihrem Aufgangspunkt im Osten hin.

Vermutlich entspricht das Weinen dem Sonnenuntergang, der Schlaf dem Aufenthalt der Sonne in der Unterwelt und die Freude dem Sonnenaufgang. Mit dem Morgen sind die u.a. von Kelten bekannten Sonnenaufgangs-Hymnen an den Sonnengott-Göttervater verbunden gewesen. Die Drei Saiten entsprechen wahrscheinlich den drei kultischen Verwendungszwecken der Harfe, also den Liedern an den Donnengott-Göttervater Lugh/Dagda beim Sonnenuntergang, in der Nacht und zum Sonnenaufgang.

Die Harfe des Aengus Og

Aengus Og, der Sohn des Dagda und somit der wiedergeborene Sonnengott-Göttervater, konnte mit seiner silbernen Harfe, die mit goldenen Saiten bespannt war, die Vögel und die wilden Tiere herbeirufen und er konnte mit ihr auch Jungfrauen herbeirufen und bezaubern.

Die Vögel könnten die Seelenvögel sein – dann wäre hier der Schamane mit dem Sonnengott assoziiert worden (da für beide die Jenseitsreise das zentrale Element ist).

Die Jungfrauen könnten eine Umdeutung der Jenseitsgöttin bei der Wiederzeugung sein, die der Wiedergeburt der Toten im Jenseits vorausgeht. Dies ist ein sehr weit verbreitetes mythologisches Motiv.

Die Hirsch-Harfe

Archäologen aus Innsbruck haben eine 2000 Jahre alte, geschnitzte Winkelharfe gefunden und rekonstruiert. Der aus Hirschgeweih geschnitzte Arm der Harfe ist reich verziert und trägt eine rhätische Inschrift.

Da um diese Zeit in der Schweiz die Kelten gelebt haben, wird es sich bei dieser Harfe um eine keltische Harfe handeln.

Möglicherweise ist der Hirschgeweih-Harfenbogen nicht ohne Bedeutung, da sich Dagda (und auch Tyr) im Jenseits in einen Hirsch verwandelten. Auch der Druide Merlin kann sich in einen Hirsch verwandeln. Die Druiden-Barden wurden als Mann mit Hirschgeweih („Cernunnos") dargestellt. Der Hirsch stammt aus der Wiederzeugungs-Symbolik, bei der die Jenseitsreisenden (Tote, Schamanen, Sonnengott) die Gestalt eines männlichen Herdentieres angenommen haben und die Jenseitsgöttin die Gestalt des entsprechenden weiblichen Herdentieres.

Geoffrey von Monmonth: „Vita Merlini"

Um 1150 n.chr., also vierzehn Jahre nach seiner „Geschichte der britischen Könige" schrieb Geoffrey von Monmouth eine ausführliche „Biografie des Merlin", die die älteste zusammenhängende Geschichte des Merlin ist.

Die folgende Geschichte ist eine Zusammenfassung des Teils dieser Biographie, in der sich eine Harfen-Szene findet:

Merlin war ein Seher und der König von Südwales. Eines Tages begann Gwenddoleu von Schottland einen Krieg gegen Merlin von Südwales, der von Peredur von Nordwales und von Rhydderch von Cumberland unterstützt wurde. Als Merlin sah, wie drei seiner Brüder und viele andere Männer, die seine Freunde gewesen waren, in der Schlacht fielen, geriet er in völlige Verzweiflung und brach in heftige Tränen aus.

Schließlich kamen den Heeren von Wales und Cumberland noch andere britische Heere zu Hilfe, sodaß die Schotten schließlich besiegt und vertrieben werden konnten.

Nach der Schlacht ließ Merlin seine drei Brüder so bestatten, wie es Prinzen gebührt. Doch Merlins Schmerz wurde nicht weniger und er klagte drei Tage lang und war durch niemanden zu beruhigen. Da beschloß er, heimlich fortzugehen und verbarg sich im Wald, schlief unter einer Esche, beobachtete die Tiere, aß Wurzeln, Gräser und Beeren und wurde schließlich zu einem Wilden Mann des Waldes. So lebte er den ganzen Sommer über und niemand wußte, wo er geblieben war. An einem Platz, an dem 19 Apfelbäume standen, hielt er sich am liebsten auf. Ein alter, inzwischen weißhaariger Wolf war sein ständiger Begleiter.

Als er im Winter einmal in laute Klagen darüber ausbrach, daß er und der alte Wolf hungern mußten, hörte dies ein Wanderer. Er fand den Klagenden, aber Merlin floh vor ihm und es gelang dem Wanderer nicht, ihn einzuholen. Der Wanderer traf wenig später einen Mann, der am Hofe von Rydderch, dem König von Cumberland, lebte und erzählte ihm von der Begegnung. Der König von Cumberland war mit Merlins Schwester Ganieda verheiratet, die Merlin seit seinem Verschwinden überall hatte suchen lassen.

Der Mann vom Hofe von Cumberland verfolgte Merlin lange Zeit und fand ihn schließlich auf der Spitze eines Berges. Dort saß der Seher, der ein Waldmann geworden war, auf einem Platz, der von Haselsträuchern umgeben war und und in dessen Mitte eine Quelle sprudelte. Als der Mann näher kam, hörte er Merlin dem höchsten Gott klagen, daß es Winter war und nichts zu essen gab und daß die Vögel nicht sangen, um sein Gemüt zu beruhigen.

Als die letzten Seufzer Merlins verklangen, begann der Mann, der ihn aus dem Verborgenen beobachtete, leise auf seiner Harfe zu spielen und nach einer Weile leise davon zu singen, wie sehr Merlins Frau Guendoloena unter dem Fortgehen Merlins litt und wie sehr auch Merlins Schwester Ganieda ihren Bruder vermißte. Dabei beschrieb er ausführlich die Schönheit der Guendoloena, die die Schönheit der Göttinnen noch übertraf.

Als der Harfner sein Lied beendet hatte, bat Merlin ihn, das Lied noch einmal zu spielen und er fand nach und nach wieder zu sich und wurde sich wieder seiner selber bewußt. Er erinnerte sich wieder daran, wer er gewesen war und wurde von Sehnsucht nach seiner Frau Guendoloena und seiner Schwester Ganieda erfüllt. Schließlich bat er den Harfner, ihn zum Hofe von König Rydderch zu führen. Dort war die Freude groß, als seine Frau und seine Schwester und auch König Rydderch Merlin wiedersahen.

Warum hatte der Späher, der vom Hof von Cumberland auf die Suche nach Merlin ausgesandt wurde, eine Harfe bei sich? Dies ist nicht gerade eines der typischen Dinge, die ein Späher in seinem Gepäck bei sich führt. Es fällt auch auf, mit welcher Behutsamkeit der Späher vorgeht, nachdem er Merlin schließlich gefunden hatte. Zunächst wartet er bis zu den letzten Seufzern Merlins ab und beginnt dann leise eine Harfenmelodie in diese letzten Seufzer einzuflechten. Danach spielt er erst einmal eine Weile, bevor er zu singen beginnt, um Merlin nicht zu erschrecken und ihn dadurch vielleicht zu verjagen.

Dieses Verhalten würde wesentlich besser zu einem sehr erfahrenen Harfner/Barden und Druiden passen. Wenn die Einsamkeit des Merlin im Wald die Umdeutung einer Druiden-Einweihungs-Jenseitsreise sein sollte, bei dem der angehende Druide in einem wassergefüllten Schacht durch Fast-Ertränken einen Nahtod erlebte, wäre das behutsame Vorgehen des Harfner-Barden die traditionelle Weise, den Druiden wieder im Diesseits willkommen zu heißen.

Amra für Colum Cille

In diesem Loblied für den verstorbenen St. Columban wird der Klang einer Harfe und die magische Wirkung dieses Klanges anschaulich geschildert.

Die Harfe des Craiptin hielt kein Ceis-Lied zurück,
die Harfe, die den Todesschlaf über das Heer brachte:
sie stimmte mit ein in die Harmonie zwischen Maen
und Moriath von Morca, die die Heirat ersehnte.
Labraid bedeutete ihr mehr als alles andere.

Süßer als jedes Lied klang die Harfe,
die für Labraid Loingsech Lorcc gespielt wurde;
obwohl der König schwieg und über Verborgenes brütete,
hielt Craiptines Harfe kein Ceis-Lied zurück.

Diese Erinnerung an eine Heirat zeigt die Macht, die die Harfe in der Hand eines fähigen Druiden-Barden hatte: Mit ihr konnte er ein feindliches Heer „hypnotisieren" („Todesschlaf"), aber auch Harmonie schaffen.

Man kann davon ausgehen, daß der Sonnengott-Göttervater Dagda, der eine magische Harfe besaß, das Vorbild für die Druiden-Barden beim Harfenspiel waren, zumal sich die Druiden auch sonst als „Vertreter" oder „Söhne" des Sonnengottes angesehen haben.

O Fionn mac Cumhaill

Die einschläfernde, hypnotische Wirkung der Harfenmelodien wird auch in dieser Geschichte beschrieben:

Fionn ging nach einiger Zeit an Samhain (Nacht zum 1. November) *an den Hof des irischen Hochkönigs Cormac Mac Art in Tara. In dieser Nacht, in der die Tore zum Jenseits offenstehen, kam seit vielen Jahren Aillen ("Verbrenner"), einer der Tuatha de Danan, aus dem Jenseits nach Tara, schläferte alle Menschen mit seiner Harfenmusik ein und verbrannte dann das Schloß des Hochkönigs mit seinem Feueratem bis auf die Grundmauern nieder.*

Fionn versprach Cormac, dem Hochkönig, Aillen zu besiegen, wenn er dafür anschließend einen Wunsch frei hätte. Cormac stimmte zu und Fionn besiegte Aillen dadurch, daß er von dem Krieger Fiacha einen Zauberspeer erhielt, den er sich gegen seine Stirn drückte, was ihn am Einschlafen hinderte, als Aillen auf seiner Harfe zu spielen begann. Nach einer längeren Verfolgung tötete Fionn schließlich Aillen.

II 2. b) Germanen

Die Vision der Seherin

In diesem Lied wird über die morgendliche Wiedergeburt des Sonnengott-Göttervaters Tyr berichtet:

Dort saß auf dem Hügelgrab / und schlug die Harfe
der Hirte der Riesin, / der strahlende Egdir;
Es schreit der Hahn / oben im Galgenbaum:
der schön-rote Hahn, / der Fialar heißt.

Die Worte „gladr egdir" bedeuten „glücklicher/strahlender Schwertmann". Der „Mann mit dem Schwert" ist der Göttervater und Schwertgott Tyr.

Die „Riesin" ist die Jenseitsgöttin, die Tyr wiedergeboren hat. Das Hügelgrab wurde wie die Schwitzhütte, auf die sie zurückgeht, als der schwangere Bauch der Erdgöttin angesehen.

Der „Galgenbaum" wird der Weltenbaum sein, in dem Odin bei seiner Einweihung hing. Odins Saal Walhalla steht unter dieser Weltesche.

König Ortnits Meerfahrt und Tod

Da trug der kleine Elberich / eine Harfe in den Saal:
Er rührte so geschwinde / die Saiten allzumal,
Und mit so süßem Tone, / daß ihm der Saal erscholl:
Die ihn sahn und hörten, / ihre Freude wurde voll.

„Elberich" ist eine Umformung von „alf-rich", was „König der Alfen", d.h. „König der Totengeister" bedeutet und ein Titel des Götterkönigs Tyr im Jenseits ist.

Ein Totengeist ist zum einen klein, weil er gerade erst von der Jenseitsgöttin in der Unterwelt wiedergeboren worden ist; er ist alt, weil er alt gestorben ist; und er lebt in einem „Berg", weil er in einem Hügelgrab begraben worden ist. Totengeister sind also klein, alt (und deshalb bärtig) und leben in einem Hügel bzw. Berg – sie sind also Zwerge.

Tyr ist als der Zwergenkönig Elberich/Alberich ein vollkommener Harfner – die Harfe gehört schließlich zu dem Sonnengott-Göttervater.

Die Saga über Viglund den Blonden

In dieser Saga spielt ein König auf einer ganz besonderen Harfe. Vermutlich sind die Harfe-spielenden Könige in den Sagas nicht nur dadurch entstanden, daß es tatsächlich Könige gegeben hat, die Harfe gespielt haben, sondern auch dadurch, daß sich die Motive des Götterkönig Tyr aus den Mythen am einfachsten auf die Könige der Sagen übertragen ließen.

Diese Übertragung wurde noch dadurch erleichtert, daß die Könige bei ihrer Krönung eine symbolisch-rituelle Jenseitsreise zu dem Göttervater im Jenseits unternahmen und dabei zu dem „Sohn des Göttervaters" wurde. Diese Symbolik findet sich bei so gut wie allen Völkern in der Auffassung des Königtums: die Vertreter Gottes im Mittelalter, der Sohn der Sohn in Ägypten, der Sohn des Himmels in China, der Sohn der Sonne bei den Inkas, der Sohn Gottes im Christentum usw.

Als der König bereit war, fuhr er an der Küste entlang nach Süden; als er jedoch nach Süden ins Rogaland kam, war dort ein Jarl (Graf), der Eric hieß – ein großer Fürst und von allen seinen Männern geliebt: Als er vom Kommen des Königs hörte, ließ er ein schönes Fest ausrichten und lud den König mit seiner ganzen Begleitung dazu ein. Der König nahm sie an und ging mit seinem Heer an Land und der Jarl geleitete ihn zu seiner Halle, in der sein ganzer Hof und alle Arten von Musik und Gesang und Harfen-Spiel wartete.
Der Jarl führte den König mit einem solchen Willkommen zu seiner Halle und setzte

ihn auf den Hoch-Sitz und dort fand das schönste Fest statt und der König und alle seine Männer waren von außergewöhnlicher Freude erfüllt, denn der Jarl sparte an nichts, um dem König mit liebevoller Freundlichkeit zu dienen; und die besten Getränke wurden gebracht und die Männer waren schon bald sehr fröhlich durch das Trinken.

Der König setzte Ketils Söhne neben sich und sie wurden dadurch sehr geehrt. Der Jarl stand vor dem König und bewirtete an seiner Tafel und die Fröhlichkeit wurde groß in der Halle.

Dann hieß der König die beiden Brüder einschenken und setzte den Jarl neben sich in den Hochsitz. Die Brüder taten sofort wie ihnen der König geheißen hatte und erhielten von den Männern viel Lob für ihre Höflichkeit.

Als jedoch die Tische hinausgetragen wurden, ließ der Jarl gute Dinge herbeibringen, die er für den König ausgewählt hatte; ja, allen seinen Männern gab er das eine oder andere Geschenk. Am Ende des Geschenke-Gebens ließ der Jarl eine Harfe bringen, deren Saiten zum Teil aus Gold und zum Teil aus Silber waren und die auf prachtvolle Weise gefertigt worden war.

Und der König streckte seine Hand aus und ergriff sie und begann ihre Saiten zu schlagen. Diese Harfe hatte eine so große und schöne Stimme, daß sich alle verwunderten und dachten, daß sie noch nie etwas Ähnliches gehört hätten.

In der Schilderung des Festes in dieser Saga ist zwar alles besonders groß und schön, aber die Beschreibung dieser Harfe könnte man durchaus auch als eine Beschreibung der Harfe des Tyr auffassen.

Völsungen-Saga

Doch nun war ich   /   noch einmal
zu Geirmund gezogen   /   zu einem guten Fest;
jedoch hörte ich   /   bevor ich von Hlesey fortzog,
wie von schwerem Leid   /   die Harfensaiten sangen.

Der Name der Insel „Hlesey" bedeutet „Insel des Hler". „Hler" ist einer der Namen des Tyr als Sonnengott in der nächtlichen Meeres-Unterwelt – Hlesey ist also die Jenseitsinsel wie das Avalon der Kelten und das Atlantis der Griechen. Der germanische Hler entspricht dem keltischen Meeresgott Lir und dem griechischen Poseidon.

Hier wird die Harfe wieder mit Tyr (=Hler) assoziiert.

Huldar-Saga

Im allgemeinen wird von Harfnern berichtet, aber es gab wohl auch Harfnerinnen.

Haddbroddr verirrte sich einmal auf der Jagd und kam an einen Hof, in welchen er Einlaß fand, und ward hier von einem wunderschönen Weibe begrüßt, welches ihn bewirtete und durch Gespräch und Harfenspiel trefflich unterhielt. Dies war Glöd, die Herrin des Hauses. Drei Nächte teilte er mit ihr das Lager und erzeugte mit ihr die Huld.

„Huld" ist die Göttin Huldar. „Glöd" ist eine Kurzform für „Menglöd", was wiederum eine Beiname der Freya ist, die anscheinend Harfe spielen konnte. Huldar ist wie Freya-Menglöd die Jenseitsgöttin. Haddbroddr hat in dieser Saga die Rolle des Tyr in der Unterwelt übernommen und Glöd die Rolle der Harfenspielerin.

II 2. c)   Griechen

Der Sonnengott Apollo spielte auf einer Leier. Sie wurde jedoch auch allgemein im Kult und bei Festen verwendet, wie Homer berichtet:

Homerische Hymnen – An die Musen und an Apollo:

Ich werde mit den Musen und mit Apollo und mit Zeus beginnen,
denn durch die Musen und durch Apollo gibt es Sänger auf der Erde
und Harfenspieler – und durch Zeus die Könige.
Glücklich ist der, den die Musen lieben: von seinen Lippen fließt süße Sprache.

Homerische Hymnen – An den phytischen Apollo:

(Hermes spricht)
„Daher will ich Dir diese Leier geben, ruhmreicher Sohn des Zeus,
während ich mit dem wild umherstreifenden Vieh durch die Weiden
auf den Hügeln und durch die Pferde-nährenden Ebenen ziehen will:
So werden die Kühe von den Stieren begattet werden
und reichlich sowohl männliche als auch weibliche Kälber gebären.
Daher gibt es nun keinen Grund mehr, rasend wütend zu sein,

auch wenn ich Dir etwas schuldete."
Nachdem Hermes dies gesagt hatte, hielt er ihm die Leier hin,
und Phoebus Apollo ergriff sie und legte sofort seine leuchtende Peitsche
in die Hand des Hermes und bestimmte ihn zum Hüter seiner Herden.
Der Sohn der Maia ergriff sie freudevoll, während der Sohn der Leto,
der Herr, der fernhinwirkende Apollo,
die Leier in seinem linken Arm hielt und jede Saite mit dem Schlüssel erprobte.
Sie erklang überwältigend unter der Berührung des Gottes,
während er süß jede ihrer Noten sang.

<u>Homerische Hymnen – An den phytischen Apollo:</u>

Letos all-ruhmreicher Sohn geht zum felsigen Pytho und spielt auf seiner Leier,
gekleidet in göttliche, duftende Gewänder;
und seine Leier singt süß, wenn der goldene Schlüssel sie berührt.

Letos Sohn ist Apollo.
Der Schlüssel ist vermutlich das Plektrum, d.h. ein Federkiel.
 Apollo war auf Hermes wütend, weil dieser ungefragt eines seiner Rinder getötet hatte, um aus dessen Darm die Saiten für die Leier zu fertigen.

<u>Illias 1, 602:</u>

Also den ganzen Tag bis spät zur sinkenden Sonne
Schmausten sie; und nicht mangelt' ihr Herz des gemeinsamen Mahles,
Nicht des Saitengetöns von der lieblichen Leier Apollons,
Noch des Gesangs der Musen mit hold antwortender Stimme.

II 2. d) Thraker

 Auch der Sänger-Gott Orpheus, in dessen Mythen die Jenseitsreise eine große Rolle inne hat, spielte auf einer Harfe.
 Der Vater des Orpheus war der thrakische König Oiagros, der letztlich mit dem Flußgott Oiagros identisch ist. Dieser Gott ist die „nächtliche Sonne in der Unterwelt". Der Vater des Orpheus wurde von den Griechen dem Apollon gleichgesetzt, der der Sonnen- und Harfner-Aspekt der Zeus, also des griechischen Sonnengott-

Göttervaters ist. Orpheus ist daher der irdische Stellvertreter des Oiagros-Apollon.

Die Mutter des Orpheus ist die Muse Kalliope, die eine Tochter des Zeus ist. Sie ist für den Gesang und für das Harfenspiel zuständig. Da viele der Geliebten und der Töchter des Zeus aufgrund ihrer Mythen noch als die Jenseitsgöttin oder als einzelne Aspekte von ihr erkennbar sind, wird auch Kalliope ursprünglich die Jenseitsgöttin gewesen sein, die am Morgen den Sonnengott (Zeus, Apollon, Oiagros) wiedergebiert. Da Kalliope eine der neun Musen ist und die Zahl „neun" bei den Indogermanen ein wichtiges Jenseitssymbol gewesen, ist es recht sicher, daß Kalliope ursprünglich die „neunfache Göttin", d.h. die Jenseitsgöttin gewesen ist. Dieselbe Symbolik findet sich z.B. auch bei den Germanen bei den neun Töchtern der Meeresgöttin Ran, die die Wogen verkörpert haben – Ran war als Göttin der Wasserunterwelt auch die Wiedergeburtsmutter der Sonne bzw. des Sonnengott-Göttervaters am Morgen.

Orpheus hat seine Lyra von Apollon erhalten – hier findet sich wieder der enge Bezug zum Sonnengott. Als Erfinder der Lyra galt Hermes, der der Sohn des Zeus war – vermutlich ursprünglich dessen Seelenvogel, da Hermes noch immer die Flügelschuhe trug. Hermes ist einst folglich der wiedergeborene Zeus gewesen. Als Götterbote und Jenseitsführer paßt Hermes sehr gut in die bisherigen Betrachtungen zu der Symbolik der Harfe und der Leier.

Die enge Verbindung des Orpheus mit der Harfe und der Jenseitsreise läßt vermuten, daß er auf den thrakischen Sonnengott-Göttervater zurückgeht.

Orpheus konnte mit seinem Harfenspiel wie der keltische Aengus Og Vögel und Tiere herbeirufen. Er konnte mit seinem Gesang und mit seinem Saitenspiel jedoch auch Götter und Menschen in seinen Bann schlagen, die Bäume neigten sich ihm zu und die Felsen begannen zu weinen. Er konnte mit seiner Musik das tosende Meer beruhigen und sogar die Sirenen (eine Art Nixen) übertönen.

Das klingt nach einer Ausweitung der magischen Wirkung der Harfe bei der Jenseitsreise und bei der Wiederherstellung der Harmonie.

Seine Frau Euridike starb auf Flucht vor einem Mann, der sie zu vergewaltigen versucht hatte, durch einen Schlangenbiß. Daraufhin ging Orpheus in die Unterwelt, besänftigte den dreiköpfigen Unterwelt-Hund Kerberus und überzeugte Hades und Persephone, ihm Euridike zurückzugeben. Sie erlaubten es ihm unter der Bedingung, daß er sich auf dem Weg zurück ins Diesseits nicht umblickt. Da er sich jedoch umsah, als er ihre Schritte nicht mehr hörte, mußte Euridike in der Unterwelt bleiben.

Hier wird Orpheus deutlich als Jenseitsreisender geschildert – Orpheus muß daher ursprünglich entweder der Sonnengott-Göttervater oder ein Schamane oder beides gewesen sein.

Schließlich wurde Orpheus von den Mänaden (wilde Tänzerinnen) des Dionysos in ihrer Ekstase zerrissen. Sie warfen den Kopf und die Lyra (Leier) des Orpheus in den Fluß Hebros, doch der Kopf des Orpheus sang weiter bis ihm Apollon zu schweigen gebot.

Das ist ein sehr altes Motiv aus der mittleren Jungsteinzeit, in der man die Totenschädel der Verstorbenen in eine Nische im Wohnhaus setzte, um weiterhin mit den Verstorbenen sprechen zu können. Das Motiv des sprechenden Totenschädels findet sich auch bei den Kelten bei dem Kopf des Königs Bran (er liegt heute unter dem Londoner Tower) und bei den Germanen bei dem Kopf des Riesen Mimir, der der Sonnengott-Göttervater Tyr in der Unterwelt ist. Dieses Motiv ist auch mit der westindogermanischen Vorstellung, daß die Sonne der Kopf des Sonnengott-Göttervaters ist, verbunden.

Auch hier hat Orpheus wieder eine enge Verbindung mit dem Sonnengott-Göttervater.

Nach seinem Tod wurde seine Lyra als Sternbild an den Himmel versetzt – sie ist sozusagen die „Himmlische Harfe", d.h. das Instrument des Sonnengott-Göttervaters in der Unterwelt.

Die Griechen sahen Orpheus als den Erfinder von Musik und Tanz an.

II 3.   Harfen im Kult

Es war naheliegend, ein Symbol wie die Harfe, die die allgemeine Richtigkeit und Harmonie darstellte, die durch den Sonnengott-Göttervater hergestellt und erhalten wurde, auch als Instrument im Kult zu benutzen.

II 3. a)   Germanen

Loka Thattur

In diesem Lied von den Faröer-Inseln, das über den Kampf zwischen dem Tyr-Riese Skimsli und Loki berichtet, gibt es einen Refrain, der darauf hinweist, daß die Harfe nicht nur zur Unterhaltung gespielt worden ist, da sie mit der Reise in das Jenseits assoziiert wurde, das hier „das andere Land" genannt wird.

Man kann zumindestens vermuten, daß die Harfe im Kult von Priestern oder bei Jenseitsreisen von Schamanen gespielt worden ist.

Was nützt mir die Harfe in meiner Hand,
Wenn keiner mir folgt in das andere Land?

Die Saga über Norna-Gest

Der Wikinger Norna-Gest lebte der Saga zufolge 300 Jahre lang. Dies ist durch einen Streit der Nornen entstanden, als sie bei seiner Geburt sein Alter festlegen wollten. Diese Auseinandersetzung endete damit, daß eine der Norne bestimmte, daß Gest nur solange leben solle, bis die Kerze in dem Raum abgebrannt ist – woraufhin die Mutter des Gest die Kerze kurzerhand verlöschte und Gest sie dann später in seiner Harfe verborgen sicher aufbewahrte.

Als er lange genug gelebt hatte, entzündete er diese Kerze:

Gest nahm die Kerze aus dem Klangkörper seiner Harfe. Der König gebot sie zu entzünden und so wurde es getan. Und als die Kerze entzündet worden war, brannte sie schnell herab.

Dieses Harfen/Tod-Motiv ist dadurch entstanden, daß man sowohl die Grabkammer eines Hügelgrabes als auch den Klangkörper einer Harfe „Kiste" genannt hat. Das

Alter von 300 Jahren ist in den älteren Mythen das Alter des Sonnengott-Göttervaters Tyr: Die 100 Jahre sind ein Menschen-Lebensalter und die „3" ist das Symbol des endlosen Zyklus – folglich ist die „3·100=300" die Zahl der ewigen täglichen Wiedergeburten des Sonnengott-Göttervaters Tyr. Daher wird auch das Harfen-Motiv in der Saga über Norna-Gest aus den Mythen des Tyr stammen.

Die Saga über Ragnar Lodbrök

Die Harfe als Versteck für „besondere, religiös-magische Dinge" ist kein Einzelfall gewesen, sondern findet sich auch in der Ragnars-Saga.

Der Ursprung dieses Motivs ist dasselbe wie in der vorigen Saga: Sowohl die Hügelgrab-Grabkammer als der Harfen-Klangkörper hießen „Kiste". Heimir ist der in die Saga übertragene Tyr.

In Hlymdalir hörte Heimir die Nachricht vom Tod des Sigurd und der Brünhild. Aslaug, die Tochter der beiden und seine Ziehtochter, war damals drei Winter alt. Er wußte, daß es es den Versuch geben würde, das Mädchen zu töten und diese Sippen-Linie zu beenden. Seine Trauer um seine Ziehtochter Brünhild war so groß, daß er sich weder um sein Königreich noch um seine Güter kümmerte.

Als er einsah, daß er das Kind dort nicht würde verborgen halten können, ließ er eine Harfe fertigen, die so groß war, daß er in ihr das Mädchen Aslaug zusammen mit vielen Schätzen aus Gold und Silber verbergen konnte. Danach zog er durch das Land und später auch durch die Nordlande.

Seine Harfe war so kunstvoll gefertigt, daß sie an ihren Kanten auseinandergenommen werden konnte, sodaß er an den Tagen, an denen er an einen Wasserfall kam, der fernab von allen Bauernhöfen lag, die Harfe auseinandernehmen und das Kind baden konnte.

Er hatte ein Vinlauk, das er ihr zu essen gab. Es war das Wesen dieses Lauchs, daß ein Mensch lange Zeit von ihm leben konnte, auch wenn er sonst nicht zu essen hatte.

„Vinlauk" bedeutet entweder „Wiesen-Lauch" oder Freund-Lauch".

Und wenn das Mädchen weinte, spielte er auf seiner Harfe, wodurch sie still wurde, denn Heimir war sehr geschickt in den Idrottir, die zu dieser Zeit üblich waren.

„Idrottir" sind Lieder in dem Helden-Versmaß, das „drott-kvädr" genannt wurde.

Er hatte viele herrliche Kleider zusammen mit ihr in die Harfe gelegt und ebenso viel Gold.

Dann ging er von dort aus weiter bis er nach Norwegen kam. Dort kam er zu einem kleinen Bauernhof, der Spangarheid hieß und dort wohnt ein armer Mann, der hieß Aki. Er hatte eine Frau, die Grima hieß. Sie lebten dort ganz für sich alleine.

„Spangarheid" bedeutet „Spangen-Heide", wobei das Substantiv „Spange" die im Deutschen heute veralte Bedeutung „Platte, flacher Ring, Metallleiste, Rüstungsteil" u.a. hat, die nur noch in Zusammensetzungen wie „Spangenhelm" (aus Platten zusammengesetzter Helm) findet.

Da „Heide" in den Sagas und Heldenliedern eine häufige Umschreibung für „Jenseits" ist, könnte die „Spangenheide" möglicherweise das mit den Rüstungen der Krieger assoziierte Jenseits sein, also der Ort, an dem die Hügelgräber stehen, in denen auch die Rüstungen der Toten liegen. Diese Deutung trifft natürlich nur dann zu, wenn diese Saga aus der Umdeutung mythologischer Motive entstanden ist, was jedoch bei den Überlieferungen, die zu dem Kreis der Sigurd-Saga gehören, recht wahrscheinlich ist.

Der Männername „Aki" bedeutet „Väterchen".

„Grima" bedeutet „Maske, Helm" und bezeichnete ursprünglich auch den Schädel und das Fell des Opfertieres, das demjenigen, für den es geopfert wurde (Bestattung, Krönung) wie eine Maske übergezogen wurde. Sie könnte der Riesin „Grima" entsprechen, die ihrerseits mit „Grimhild/Krimhild" verwandt sein könnte.

Falls diese Deutungen zutreffen, wäre Aki der Tyr-Riese, Grima seine Frau, die zur Riesin umgedeutete Jenseitsgöttin und „Spangarheid" das Jenseits selber. Auch die einsame Szenerie würde zu dieser Deutung passen, da ein solches Riesenpaar in einer einsamen Höhle in den Isländersagas eine häufige Umformung des Göttervaters Tyr im Jenseits bei der Jenseitsgöttin ist.

Eines Tages war der arme Mann in den Wald gegangen und die arme Frau war daheim. Sie grüßte Heimir und frug, welch eine Art von Mann er wohl sei.

Er sagte, er sei ein Bettler und bat die arme Frau ihm Unterkunft zu gewähren.

Sie sagte, daß nicht viele zu ihnen kämen, sodaß sie ihn gut aufnehmen könne, falls er dies nötig fände.

Da sagte er zu ihr, daß es für ihn die größte Annehmlichkeit wäre, wenn vor ihm ein Feuer entzündet werden würde. Da wurde er in die Schlafhalle begleitet, wo er sich schlafen legen konnte. Und als die arme Frau das Feuer entfacht hatte, stellte er die Harfe neben sich.

Die arme Frau war nicht sehr gesprächig. Ihre Augen wanderten oft zu der Harfe hin, da der Rand eines der prunkvollen Kleider aus der Harfe herausragte. Und als er seine Glieder vor dem Feuer rieb, sah sie einen prachtvollen goldenen Ring unter seinen ärmlichen Kleidern – er war in Lumpen gehüllt.

Danach bat er die Frau ihm dorthin zu begleiten, wo er die Nacht über schlafen sollte. Die arme Frau sagte, daß es für ihn draußen besser sei als drinnen, „denn mein Mann und ich reden oft miteinander, wenn er heimkommt."

Er sagte ihr, daß sie entscheiden solle. Dann ging er mit ihr hinaus. Er nahm die Harfe mit sich. Die arme Frau ging hinaus bis sie zu einer Scheune kam und begleitete ihn in sie hinein und sagte, daß er dort bleiben solle, und sagte, daß er dort seinen Schlaf genießen solle. Und die arme Frau ging ihrer Wege und ging fleißig ihren täglichen Arbeiten nach und er legte sich schlafen.

Als der Abend hereingebrochen war, kam der arme Mann heim, doch die arme Frau hatte nur wenig von dem getan, was sie eigentlich hätte tun müssen. Und er war müde, als er heimkam und sehr mißmutig darüber, daß sie ihre Arbeiten nicht getan hatte.

Der arme Mann sagte, daß es einen großen Unterschied in ihrem Glück geben müsse, wenn er jeden Tag mehr täte als er könne, und sie nicht mit den Dingen, die nötig waren, vorankäme.

„Ärgere Dich nicht, mein Mann," sagte sie, „denn es könnte sein, daß Du mit nur einer kurzen Arbeit sicherstellen kannst, daß wir für alle Zeit glücklich sein werden."

„Was redest Du da?" sagte der arme Mann.

Die arme Frau antwortete: „Ein Mann ist hierher zu unserem Bauernhof gekommen und ich glaube, daß er große Schätze für seine Reise bei sich hat – er ist vom Alter gebeugt, aber er muß ein großer Held gewesen sein, auch wenn er nun sehr erschöpft ist. Ich glaube nicht, daß ich schon einmal seinesgleichen gesehen habe, aber ich glaube, das er nun erschöpft und müde ist."

Der arme Mann sagte: „Es scheint mir nicht ratsam, einen von den wenigen, die hierherkommen, zu betrügen."

Sie antwortete: „Genau darum wirst Du noch für lange Zeit ein kleiner Mann bleiben, denn alles wird in Deinen Augen groß; Du mußt eines von diesen beiden Dingen tun – entweder tötest Du ihn oder ich nehme ihn mir als meinen Mann und wir beide vertreiben Dich. Und ich kann Dir sagen, was geschah, als er früher am Abend mit mir gesprochen hat und es wird Dir nicht gefallen: Er sprach lüstern mit mir und ich werde ihn mir zum Mann nehmen und Dich vertreiben oder Dich töten, wenn Du nicht tust, was ich will!"

Es wird gesagt, daß der arme Mann eine herrische Frau hatte und daß sie weitermachte bis er schließlich nachgab und seine Axt nahm und sie scharf schliff. Und nachdem dies getan war, führte ihn seine Frau dorthin, wo Heimir schlief und laut schnarchte. Da sagte die arme Frau, daß er ihn so gut er könne angreifen solle, „und dann springe schnell fort, denn Du wirst ihm nicht widerstehen können, wenn er Dich zu fassen bekommt."

Dann nahm sie die Harfe und ging fort. Da ging der arme Mann dorthin, wo Heimir schlief. Er schlug auf ihn ein und fügte ihm eine große Wunde zu, aber er ließ seine Axt fallen. Er sprang so schnell er konnte fort. Heimir erwachte von dem Schlag, der ihm den Tod brachte. Und es wird gesagt, daß ein solcher Lärm durch *seine Todeszuckungen erscholl, daß die Pfosten des Hauses zusammenbrachen und das ganze Haus zusammenbrach und ein großes Erdbeben entstand – und damit endete sein Leben.*

Die Schilderung der Grima würde durchaus zu der gefürchteten Jenseits-Riesin Hel passen. Auch das Ende des Heimir, das von einem Erdbeben begleitet war, spricht dafür, daß er nicht nur ein König war, sondern auf einer mythologischen Gestalt beruhte, zu deren Tod ein solches Naturereignis wie ein Erdbeben passender war.

Da ging der Mann dorthin, wo die arme Frau war, und sagte ihr, daß er ihn getötet hatte, „aber trotzdem: Eine Weile lang war ich mir nicht sicher, ob es nicht mißlingen würde, da dieser Mann schrecklich stark war – aber ich glaube, daß er nun in der Hel ist."

Die arme Frau sagte ihm, daß sie ihm für seine Tat danke, „und es gibt mir Hoffnung, daß wir nun genügend Geld haben werden. Wir werden jetzt sehen, ob das, was ich gesagt habe, wahr ist."

Dann entzündeten sie ein Feuer und die arme Frau nahm die Harfe und wollte sie öffnen, aber sie war nicht in der Lage sie auf andere Weise zu öffnen als sie aufzubrechen, denn sie war in diesen Dingen nicht geschickt. Da nahm sie die Harfe und brach sie auf und da sahen sie ein kleines Mädchen, wie sie noch nie eins gesehen hatten, zusammen mit viel Geld in der Harfe.

Da sprach der arme Mann: „Nun ist es geschehen wie es so oft geschieht: Es endet schlimm für die, die die betrügen, die ihnen vertraut haben. Es scheint mir, daß nun ein kleines, unselbständiges Kind in unsere Hände gefallen ist."

Die arme Frau sprach: „Das ist nicht das, was ich erwartet habe, aber es wird nicht zu unserem Schaden sein." Und sie frug das Mädchen, wer ihre Familie ist. Aber das junge Mädchen antwortete nicht – so als ob sie noch nicht zu sprechen begonnen hätte.

„Jetzt ist es so gekommen wie ich es erwartet habe und unser Plan hat zu etwas Schlimmem geführt," sagte der arme Mann, „Wir haben ein großes Verbrechen begangen. Wie sollen wir für dieses Kind sorgen?"

„So soll es sein," sagte die Frau, „sie soll Kraka genannt werden nach meiner Mutter."

Der arme Mann sagte: „Wie sollen wir das Kind versorgen?"

Die arme Frau antwortete: „Ich habe einen guten Plan: Wir sagen, daß sie unsere Tochter sei und ziehen sie auf."

„Das wird niemand glauben," sagte ihr Mann, „da das Kind so viel gefälliger aussieht als wir. Wir sind beide sehr häßlich geboren worden und die Leute werden es nicht glaubhaft finden, daß wir ein solches Kind bekommen haben – so häßlich, wie wir aussehen."

Da sprach die arme Frau: „Du weißt ja nicht, daß ich eine geschickten Plan habe, durch den es niemandem seltsam vorkommen wird. Ich werde ihr den Kopf scheren und werde sie mit Teer und anderen Dinge einreiben. Und wenn es danach aussieht, als ob ihr Haar wieder herauskommen wolle, wird sie zudem eine Mütze tragen. Und sie wird keine guten Kleider tragen. Dann werden wir alle gleich aussehen. Und die Leute werden vielleicht auch glauben, daß ich eine große Schönheit gewesen bin als ich jung gewesen bin. Und sie wird all die schlimmsten Arbeiten tun."

Aslaugs neuer Name „Kraka" bedeutet „Krähe". Er hat gleich mehrere Bedeutungen.

Zunächst ist dies der Name der Mutter der Grima und paßt daher für eine Tochter der Grima und des Aki.

Der Name kann jedoch auch als eine Umschreibung für ihre schmutzigen Kleider und ihr dunkel gefärbtes Gesicht angesehen werden.

„Kraka" kann sich auch auf Grima beziehen, denn in norwegischen Märchen wird die böse Stiefmutter und in den Faröer-Märchen die bösen Stiefschwestern „Kraka" genannt, was in etwa der deutschen Redewendung „Raben-Eltern" entspricht.

Der Name kann sich auch auf Aslaugs Fähigkeit, die Vogelstimmen zu verstehen, beziehen. Diese Fähigkeit wird erst später offenkundig. Sie kann zum einen als ein Erbe ihres Vaters Sigurd (Siegfried) aufgefaßt werden, der die Vogelsprache verstehen konnte, aber sie kann sie auch direkt erlernt haben, falls ihr Aufenthalt in der Harfe und ihr Leben bei Aki und Grima in Spangardalir eine Jenseitsreise darstellt. Das Sprechen bzw. Verstehen der Vogelsprache ist ein Symbol dafür, daß der oder die Betreffende selber ein Seelenvogel geworden ist – entweder durch den Tod oder durch eine rituelle Jenseitsreise wie bei einer Krönung, einer Schamanen-Einweihung oder etwas ähnlichem. Auch die Jenseitsgöttin selber sowie ihre Saga-Nachfolgerin versteht natürlich die Vogelsprache, d.h. die Sprache der Seelenvögel, also der Toten.

Schließlich ist Aslaug noch die nahe Verwandte von fünf Walküren und weisen Frauen. Da sich Walküren in Schwäne, also in Seelenvögel verwandeln können, sollten sie auch aus diesem Grunde die Vogelsprache verstehen können. Die Walküren haben ihre Schwanengestalt dadurch erlangt, daß die Jenseitsgöttin als Mutter der Seelenvögel auch selber die Gestalt eines Seelenvogels annehmen konnte.

Der Name „Kraka", den Aslaug von Grima erhielt, ist also keineswegs ein zufälliger Name, sondern beschreibt das Wesen der Aslaug.

Schließlich werden von der Krähe aus nicht nur Assoziationen zu den Schwänen der Walküren bestehen, sondern auch zu Odins Raben, die recht sicher ebenfalls Seelenvögel sind – die der beiden Pferdesöhne des Tyr, die an jedem Abend und in jedem Herbst zusammen mit ihm gestorben sind. Es ist gut denkbar, daß die Krähen bzw. Raben von Aslaug Kraka, König Hrolf Kraki, und Odins Raben ursprünglich mit den vielen Krähengöttinnen der Kelten verwandt sind, die allesamt Kriegs- und

Todesgöttinnen sind und somit ursprünglich krähengestaltige Jenseitsmütter und Seelenvogel-Mütter gewesen sein könnte.

Das Motiv „Frau in Harfe" ist ursprünglich das Motiv „Jenseitsgöttin in der Grabkammer des Hügelgrabes" gewesen – dort hat sich der Tote zusammen mit der Jenseitsgöttin vereint, bevor er von ihr wiedergeboren wurde.

Die Saga über Bosi und Herraud

In dieser Saga wird das Spiel eines Harfners ausführlich geschildert und zudem noch eine ähnliche Szene wie die von Heimir und Aslaug beschrieben.

Bosi und Herraud wollten die Tochter eines Königs entführen und hatten dafür die Gewohnheiten und Vorlieben des Königs ausspioniert. Dabei hatten sie u.a. erfahren, daß Sigurd der Ratgeber und Harfner des Königs war.

Früh am Morgen kam Herraud und sagte zu ihm, was die Nacht über gehört hatte und sie bereiteten sich zur Abfahrt vor. Bosi gab der Bauerntochter einen Goldring und sie folgten ihrer Beschreibung, bis sie den Hof sahen, auf der Sigurd lebte. Sie sahen, daß er mit einem Diener heim zu seiner Halle ging.

Da gingen sie auf den Weg vor Sigurd. Bosi durchstach ihn mit seinem Speer und Herraud erwürgte den Diener. Da zog Bosi beiden die Haut ab und ging zum Schiff und berichtete Smidur, was sie erreicht hatten. Dann schmiedeten sie Pläne. Smidur zog Bosi die Todesmaske des Sigurd über und zog sich selber die andere an und kleidete sich als der Diener und Bosi zog die Kleider an, die Sigurd gehabt hatte. Sie erzählten Herraud alles, was er tun sollte und gingen heim in die Stadt und kamen zu dem Tor der Halle,wo König Godmund wartete.

Er dachte, er würde 'Sigurd' sehen und grüßte ihn freundlich und ließ ihn ein. Dann übernahm er die Aufsicht über die Schatzkammer des Königs und über die Ale-Vorräte und die Keller und entschied, wem das Ale zuerst gebracht werden sollte und er sagte den Kelch-Trägern, wie großzügig sie die Getränke einschenken sollten. Er sagte ihnen, daß es sehr wichtig sei, daß die Leute am ersten Abend so trunken wie möglich sein sollten, denn auf diese Weise würden sie an dem Fest am längsten trunken sein.

Danach wurden den Anführern ihre Plätze gezeigt und die Braut wurde hereingeführt und zusammen mit mit ihren vielen gutgesitteten Jungfrauen auf ihre Bank gesetzt.

König Godmund saß auf seinem Hohen Sitz und der Bräutigam neben ihm. Hraerek bediente die Braut. Es ist nicht niedergeschrieben worden, wie die Anführer saßen, aber es ist bekannt, daß 'Sigurd' auf der Hochzeit die Harfe spielte.

Als die Trinksprüche vorgebracht wurden, spielte 'Sigurd' derart, daß die Leute sagten, daß sie so etwas noch nie gehört hätten. Aber er sprach, daß dies nur der Anfang sei. Der König bat ihn, nicht an Mühe zu sparen.

Als der Erinnerungs-Kelch, der dem Thor geweiht war, hereingebracht wurde, veränderte Sigurd die Melodie. Da begann alles, was lose war, sich zu bewegen: Messer und Teller und alles, was niemand festhielt und die meisten der Leute erhoben sich von ihren Sitzen und wiegten sich auf dem Boden hin und her. Dies ging so für eine lange Zeit.

Dann kam der Trinkspruch, der sich an alle Götter wendete. 'Sigurd' veränderte wieder die Melodie und spielte so laut, daß es ein Echo in der Halle gab.

Alle, die in der Halle waren, standen auf außer dem Bräutigam und der Braut und dem König und alle bewegten sich in der Halle umher. Dies ging so für eine lange Zeit.

Der König frug, ob er noch andere Melodien kenne, aber er sprach, daß es noch ein paar kleine gäbe, und er schlug vor, daß sich alle erst einmal ausruhten. Da ließen sich die Leute nieder um zu trinken.

Dann spielte er die „Menschenfresserin-Melodie" und die „Traum-Werkstatt" und das „Plünderungs-Lied".

Als nächstes kam der Trinkspruch an Odin. Da öffnete 'Sigurd' seine Harfe und sie war ganz mit Gold ausgeschlagen. Er nahm einen weißen, goldbestickten Handschuh heraus und zog ihn an. Dann spielte er die Melodie, die „Halstuch-Zerrer" genannt wird und alle Halstücher der Frauen erhoben sich in die Luft und tanzten über den Querbalken des Daches. Die Frauen und die Männer sprangen auf und nichts blieb an seinem Platz.

Als die Trinksprüche beendet waren, wurden die Trinksprüche an Freya vorgebracht, die zu dem letzten Kelch, der getrunken wurde, gehörten. Da legte 'Sigurd' seine Finger an die Saite, die quer zu allen anderen Saiten liegt und bat den König sich für die Melodie, die „Machtvoller Schlag" genannt wird, vorzubereiten. Der König war so erschrocken, daß er aufsprang und ebenso die Braut und der Bräutigam und niemand tanzte ausgelassener als sie. Dies ging so für eine lange Zeit.

Da nahm Smidur die Braut und tanzte nur um so ausgelassener.

Als er die Möglichkeit dazu hatte, nahm er das Geschirr und das Besteck von den Tischen und packte es in Bettlaken.

Es wird von Herraud berichtet, daß er seine Männer alle Schiffe beschädigen ließ, die an der Meeresküste lagen, so daß sie nicht seetüchtig waren. Einige ließ er zurück in die Stadt gehen und das Gold und die Schätze hinab zur See tragen, die Smidur bereitgelegt hatte. Es war nun sehr dunkel geworden. Einige waren oben auf dem Dach der Halle und beobachten, was in der Halle vorging und zogen durch das Fenster alles heraus, was in die Bettlaken gepackt worden war. Andere trugen es hinab zu den Schiffen und wandten den Bug vom Land fort.

Das nächste Seltsame, was geschah, war, daß ein Mann in die Halle kam, als sie dort fröhlich tanzten. Er war gut gebaut und gutaussehend. Er war in einen roten Kittel gekleidet und trug einen silbernen Gürtel um seinen Bauch und ein goldenes Band auf seiner Stirn. Er war unbewaffnet und begann wie die anderen zu tanzen, bis er vor den König kam. Er erhob seine Faust und schlug den König so hart auf die Nase, daß drei Zähne herausflogen und Blut aus Nase und Mund flossen und er ohnmächtig niederstürzte.

Das sah 'Sigurd'. Er warf seine Harfe hinauf in das Bett und schlug den Fremden mit seiner Faust zwischen die Schultern, sodaß er sich fortwandte. 'Sigurd' rannte ihm hinterher und auch Siggeir und all die anderen, während andere den König umringten. Smidur nahm die Braut bei der Hand und führte sie zum Bett hinauf und sperrte sie in das Innere der Harfe. Die Männer draußen zogen sie zusammen mit Smidur durch das Fenster, rannten hinunter zum Schiff und gingen an Bord. Der Mann, der den König geschlagen hatte, war schon dort. 'Sigurd' lief ihm nach auf das Schiff und Siggeir lief ihm mit gezogenem Schwert hinterher.

Da wandte sich 'Sigurd' gegen ihn und warf ihn über Bord; seine Leute zogen ihn halbtot an Land. 'Sigurd" kappte die Haltetaue und sie segelten und ruderten so schnell sie es vermochten auf die offene See hinaus.

Hraerekr rannte zu den Schiffen und viele andere mit ihm, aber als sie die Schiffe ins Meer schoben, strömte die kohlenschwarze See in die (von Bosis Männern vorher leckgeschlagenen) *Schiffe und sie mußten wieder zum Land zurückkehren. Sie mußten ihre Pläne ändern, denn alle Männer waren schlimmer als ohnmächtig, weil sie derart trunken waren.*

Da kam der König herbei, aber er war noch immer schwach. Seine Männer versuchten ihm etwas zu essen zu geben, aber er war völlig erschöpft. Das Fest war zu Kummer und Leid geworden, aber als der König sich erfrischt hatte, machte sie Pläne.

Das Vorgehen der Wikinger bei dieser Plünderung und Entführung war sehr gut durchgeplant. Daher wundert es, daß sie die Braut in die Harfe gesperrt haben, obwohl dieses Detail überflüssig gewesen ist – es hätte vollkommen genügt, sie zu knebeln oder einzuschüchtern. Das Motiv der „Frau in der Harfe" muß daher einen andere Ursprung haben als die geschickten Pläne der Wikinger: Die Frau ist wieder die Jenseitsgöttin in der „Kiste" (Grabkammer), in der sie den in diese „Kiste" gelegten Toten wiedergebiert. Das Hügelgrab ist der Bauch der mit dem Toten schwangeren Jenseitsgöttin.

Der auf der Harfe gespielte Tanz mit dem Namen „Halstuch-Zerrer", der ein Tanzen der Halstücher bewirkt hat, zeigt durch seine magische Wirkung, daß es vor diesem Saga-Motiv das Mythen-Motiv einer magischen Wirkung des Harfenspiels gegeben haben muß. Dem Frau/Harfe-Motiv in dieser Saga-Szene zufolge sollte dies im

Zusammenhang mit der Jenseitsgöttin gestanden haben.

Das Harfen-Tanzlied mit dem Namen „Machtvoller Schlag" klingt nach einer Art Harfe-Hardrock. Es ist jedoch keine Harfe mit einer quer zu den anderen Saiten liegenden Baßsaite bekannt. Das wäre auch technisch kaum möglich, da diese Saite länger als die anderen Saiten sein müßte und die üblichen Saiten in der Richtung der größten Länge der Harfe liegen – eine Saite quer zu den normalen Saiten, müßte also recht kurz sein und kann daher keine Baßsaite sein. Hier hatte der Saga-Dichter viel Phantasie und wenig Harfen-Sachkenntnis …

II 3. b) Griechen

Homerische Hymnen – An Apollo von Delos

Die Leier und der gekrümmte Bogen sollen mir ewig lieb sein,
und ich werde den Menschen den unabwendbaren Willen des Zeus verkünden.

Leier und Bogen sind die Attribute des Apollon.

Homerische Hymnen – An Apollo

Phoebus, über Dich singt selbst der Schwan mit klarer Stimme zu dem Schlagen
  seiner Flügel,
wenn er sich an dem Ufer des wirbelnden Flusses Peneus niederläßt;
und über Dich singt der Sänger mit süßer Zunge und hält seine hoch-gestimmte Leier
– er singt stets als Erster und als Letzter.
Heil Dir, Herr! Ich bitte Dich mit meinem Lied um Deine Gunst!

Phoebos = Apollon

II 3. c) Hethiter

Im Kult der Hethiter wurden Harfen gespielt. Leider ist nichts näheres über diese Harfen bekannt. Mann kann vermuten, daß sie zu dem hethitischen Sonnengott-Göttervater Shiun gehörten, der dem germanischen Tyr, dem keltischen Dagda, dem römischen Jupiter, dem griechischen Zeus usw. entspricht und einer der vielen „Zweige" des indogermanischen Sonnengott-Göttervaters Dhyaus ist.

II 3. d) Tocharer

Die Tocharer sind nah mit den Kelten, Römern und Germanen verwandt, aber sind weit nach Osten bis in die Wüste Gobi gezogen.

In einem Grab im Tarim-Becken wurde ein um 1800 v.Chr. bestatteter Mann gefunden, dem eine Harfe mit ins Grab gelegt worden war. Es ist unbekannt, ob sie auch im Kult verwendet worden ist.

II 3. e) Perser

In Persien läßt sich die „chang" genannte Harfe seit ungefähr 3000 v.Chr. nachweisen. Zunächst wurde die Bogenharfe benutzt, die dann ab ca. 1900 v.Chr. von der Winkelharfe mit eckigem Klangkörper abgelöst worden ist.

Es ist auch hier unbekannt, ob die Harfe auch im Kult verwendet worden ist.

II 3. f) Inder

Seit 500 v.Chr. finden sich Harfen-Darstellungen in Tempeln und ab 200 v.Chr. gibt es schriftliche Überlieferungen über sie. Diese „yaal" genannten Harfen hatten 14 bis 17 Saiten.

Leider ist auch über die Symbolik dieser Harfen nichts bekannt, sodaß man nur vermuten kann, daß sie ein Symbol des Göttervaters (Dhyaus) und der Richtigkeit („Rita", „Dharma") gewesen sind – aber immerhin wurden sie in Tempeln dargestellt.

II 4. Harfen-Magier

Zur Zeit der Indogermanen und auch später zu der Zeit der einzelnen indogermanischen Völker hat es noch keinen großen Unterschied zwischen den Schamanen, Priestern, Magiern und Sängern gegeben hat. Daher wurde die Harfe als Symbol des Sonnengott-Göttervaters nicht nur mit der Jenseitsreise der Sonne und der Schamanen, sondern als auch mit der Magie assoziiert.

Folglich ist die Harfe bei den Indogermanen auch mit Halbgöttern, Priestern, Sängern, Magiern u.ä. assoziiert worden.

II 4. a) Germanen

Skaldskaparmal: Die Niflungen und die Giukungen

Ein wichtiges Harfen-Motiv in den germanischen Sagas ist „Gunnar in der Schlangengrube". Dies ist eine Variante von „Tyr-Wieland in der Schlangengrube". Diese „Schlangengrube" ist ursprünglich die Grabkammer im Hügelgrab gewesen, in der der Geist des Toten, der dort bestattet worden war, in der Gestalt einer Schlange oder eines Drachen wohnte.

Das Motiv des Gunnar in der Schlangengrube ist somit ursprünglich dasselbe Motiv gewesen wie das des Egdir auf dem Hügelgrab und das der Frau in dem Harfenkasten: der abendliche Sonnengott-Göttervater Tyr in der Grabkammer seines Hügelgrabes, in der er sich mit der Jenseitsgöttin vereint, um dann am Morgen von ihr wiedergeboren zu werden.

Die mythologischen Motive wurden in der Saga allgemein zu kriegerischen Motiven umgedeutet.

König Atli, Budlis Sohn, Brünhildens Bruder, nahm da Gudrun zur Ehe, die Sigurd gehabt hatte, und sie bekamen Kinder.

König Atli lud Gunnar und Högni zu sich und diese fuhren zu seinem Gastgebot. Ehe sie aber fuhren, verbargen sie das Gold, Fafnirs Erbe, im Rhein, und dieses Gold wurde niemals seitdem gefunden.

König Atli hatte ein Heer versammelt, womit er Gunnar und Högni überfiel. Sie wurden gefangen genommen, und König Atli ließ dem Högni das Herz lebendig ausschneiden und das war sein Tod.

Gunnar ließ er in den Schlangenhof werfen; aber heimlich wurde ihm eine Harfe gebracht, die er mit den Zehen schlug, weil ihm die Hände gebunden waren, so daß alle Schlangen einschliefen, bis auf eine Natter, die gegen ihn lief und ihn in die Brust biß und dann den Kopf in die Wunde steckte und sich an seine Leber hing bis er tot war.

Atli-Lied

In diesem Lied findet sich dieselbe Szene beschrieben, wobei die „Schlangengrube" bereits zu einem „Kerker" geworden ist.

Den lebenden Fürsten legte der Wächter Schar
In den tiefen Kerker: da krochen wimmelnd
Scheußliche Schlangen. Es schlug Gunnar
Da einsam zürnend mit den Zehen die Harfe.
Hell schollen die Saiten: so soll das Erz
Ein gabmilder König den gierigen wehren.

Der Mord der Niflungen

In dieser Saga findet sich eine ganz ähnliche Beschreibung des Todes des Gunnar. Die „Schlangengrube" ist hier jedoch ähnlich dem „Kerker" aus dem „Atli-Lied" zu einem „Schlangenturm" umgedeutet worden.

Gunnar und Högni nahmen da alles Gold, Fafnirs Erbe. Da entstand Feindschaft zwischen den Giukungen und Atli, denn er beschuldigte die Giukungen, sie seien an Brünhilds Tod schuld. Da verglichen sie sich dahin, daß sie ihm Gudrun zur Ehe gäben. Dieser aber gaben sie einen Vergessenheitstrank zu trinken ehe sie einwilligte, daß sie dem Atli vermählt würde.
Atlis Söhne waren Erp und Eitil; aber Gudruns Tochter von Sigurd war Swanhild.
König Atli lud Gunnar und Högni zum Gastgebot, wozu er sich als Boten des Wingi oder Knefröd bediente. Gudrun ahnte Tücke und schickte in runischen Zeichen Warnungsworte, daß sie nicht kommen sollten, und zum Wahrzeichen schickte sie dem Högni den Ring Andwaranaut, an den sie Wolfshaare knüpfte.
Gunnar hatte Oddrun, Atlis Schwester, zur Gemahlin begehrt, aber nicht erhalten. Da vermählte er sich der Glaumwör und Högni der Kostbera. Deren Söhne waren Solar und Snäwar und Giuki.
Als aber die Giukungen zu Atli kamen, da bat Gudrun ihre Söhne, daß sie der Giukungen Leben erbäten; aber sie wollten das nicht. Dem Högni ward das Herz

ausgeschnitten und Gunnar in den Schlangenturm geworfen. Er schlug die Harfe und sang die Schlangen in den Schlaf; aber eine Natter durchbohrte ihn bis zur Leber.

Völsungen-Saga

In der Völsungen-Saga finden sich zwei Berichte über „Gunnar in der Schlangengrube":

Da wurde Gunnar in eine Schlangengrube geworfen und es waren dort viele Schlangen und seine Hände waren fest gebunden. Gudrun sandte ihm jedoch eine Harfe und er war so geschickt, daß er seine Harfe weise mit seinen Füßen spielte und er spielte so geschickt, daß nur wenige sich entsinnen konnten, jemals solch ein Harfenspiel gehört zu haben, selbst wenn die Harfe mit den Händen gespielt worden war.

Und er spielte mit solch einer Macht und Stärke, daß schließlich alle Schlangen einschliefen außer einer einzigen großen Natter, die übel aussah und zu ihm hinkroch und ihre Zähne in ihn hieb, bis sie sein Herz erreichte; und auf diese Weise beendete er seine Lebenstage in großer Kühnheit.

An einer anderen Stelle in dieser Saga scheint Gunnar die Harfe mit den Händen zu spielen:

Die Harfe bei seiner Hand,
lag Gunnar dort allein
und laut klangen die Saiten.

Oddruns Klagelied

Es scheint durchaus üblich gewesen zu sein, daß auch die Könige selber Harfe gespielt haben, wie dies auch schon im Beowulf-Epos berichtet wird. Interessant an den folgen Versen ist vor allem, daß mithilfe des Harfenspiels Hilfe gerufen wird. Die Ich-Person in diesem Lied ist Oddrun, die auf die Jenseitsgöttin zurückgeht – es gäbe auch wenig Sinn, wenn der König eine Frau zu Hilfe ruft, aber eine Göttin könnte ihm durchaus helfen. Es scheint somit auch Harfenlieder gegeben zu haben, die sich an die Jenseitsgöttin, d.h. vermutlich an Freya gewandt haben.

Nun war ich einst, wie es öfter geschah,
Zu Geirmund gegangen das Gastmahl zu rüsten.

Der hohe Herrscher begann zu harfen:
Hoffnung hegte der hochgeborne
König, ich könnte ihm zu Hilfe kommen.

Völsungen-Saga

Hier wird dieselbe Szene geschildert:

Dort strich der König mit dem weisen Herzen
über die Saiten seiner Harfe,
denn der mächtige König
hat immer im Sinn,
daß zu ihm
schnell Hilfe kommen sollte.

II 4. b) Finnen

Insbesondere bei den Finnen, die seit 1800 v.Chr. die Nachbarn der damals in Süd-Skandinavien eingewanderten Germanen gewesen sind, hat die Harfe eine große Bedeutung. Vermutlich haben die Finnen diese Harfen-Symbolik in ihrem National-Epos „Kalevala" von den Germanen übernommen.

Wäinämöinen alt und wahrhaft
Steuert mit dem Boote vorwärts
Von der langen Landzung' Ende,
Aus des armen Dorfes Nähe;
Steuert singend durch die Wogen,
Voller Freude durch die Fluten.

Auf der Landspitz' schauen Mädchen,
Schauen sie und lauschen also:
„Was für Jubel ist im Meere,
Was für Sang dort auf den Fluten,
Bess'rer Jubel als je früher,
Sang weit schöner als der sonst'ge?"

Steuerte nun Wäinämöinen
Einen Tag durch Landgewässer,
Darauf durch des Sumpfs Gewässer,
An dem dritten Tag durch Ströme.

Da gedachte Lemminkäinen
Seiner einst gehörten Worte
In der Näh' des Feuerstromes,
Bei des heil'gen Flusses Wirbeln;
Redet Worte solcher Weise,
Läßt auf diese Art sich hören:
„Laß, o Wasserfall, Dein Schäumen,
Wasser, Du Dein heft'ges Schwanken!
Stromesjungfrau, Schaumesmädchen,
Setz' Dich auf den Sprudelfelsen,
Auf den Steinblock voll Gezische,
Nimm die Wogen in die Arme,
Drück' die Brandung mit den Händen,
Preß' den Schaum mit Deinen Fäusten,
Daß er auf die Brust nicht spritze,
Nicht auf unsre Köpfe zische!"

„Alte, Du im Meere unten,
Die Du bei dem Schaume weilest!
Steige schwimmend auf zum Schaume,
Heb' die Brust Du auf die Wogen,
Um den Schaum fest anzusammeln,
Um die Wellen zu bewachen,
Daß sie nicht den Schuldentblößten,
Nicht den Fehlerfreien stoßen!"

„Steine in des Flusses Mitte,
Felsen in des Schaumes Wölbung
Mögen ihre Stirne senken,
Ihren Kopf nach unten drücken
Auf der Bahn des roten Bootes,
Auf dem Weg des theer'gen Nachens!"

„Sollte dies genug nicht scheinen,
Kimmo, Du, o Sohn von Kammo!

Bohr' ein Loch mit Deinem Bohrer,
Haue Du hier eine Öffnung
Mitten durch des Stromes Felsen,
An der bösen Klippe Seite,
Daß das Boot ohn' festzusitzen
Unbeschädigt weiter laufe!"

"Sollte dies genug nicht scheinen,
Wirt des Wassers in den Fluten!
Mach' zu Moos die starren Steine,
Mach' das Boot zur Hechtesblase,
Wenn es durch die Wogen ziehet,
Durch der Wellen Berge eilet!"

"Jungfrau an dem Wasserfalle,
Die Du in dem Flusse weilest!
Drehe einen weichen Faden
Aus der weichen Flachsesknocke,
Zieh den Faden durch das Wasser,
Durch die Flut den blaugefärbten,
Daß an ihm mein Nachen laufe,
Mit beteerter Wölbung ziehe,
Daß den Weg auch schlichte Männer,
Unerfahr'ne selbst ihn finden."

"Steuergöttin, Weib voll Einsicht!
Nimm Dein Steuer voller Güte,
Womit Du den Nachen lenkest,
Durch die Zauberfluten eilest,
Vor der Mißgunst Haus vorüber,
An der Zauberkünstler Fenster!"

"Sollte das genug nicht scheinen,
Ukko, Du, o Gott im Himmel!
Lenk' das Boot Du mit dem Schwerte,
Lenk' es mit der blanken Klinge,
Daß das Boot von Planken laufe,
Daß der Tannen-Nachen eile!"

Selbst der alte Wäinämöinen
Steuert fort nun durch die Wogen,
Steuerte durch Felsenspalten,
Durch den Schaum voll wilden Brausens,
Hängen blieb dort nicht der Nachen,
Stecken nicht das Boot des Kund'gen.
Erst als es darauf gekommen
In die weitgedehnten Wasser,
Blieb das Boot im Laufe stecken,
Blieb der Nachen stehn im Eilen;
Haftet fest auf einer Stelle,
Kann vom Fleck sich nicht bewegen.

Selbst der Schmieder Ilmarinen,
Munter mit ihm Lemminkäinen
Stoßen in das Meer das Steuer,
In die Flut die Fichtenplanke,
Schieben emsig, um zu treiben
Von der Stelle ihren Nachen;
Doch nicht laufen will der Nachen,
Frei kommt nicht das Boot aus Planken.

Wäinämöinen alt und wahrhaft
Redet Worte solcher Weise:
„O Du muntrer Lemminkäinen,
Bücke Dich um zuzuschauen,
Worauf denn das Boot wohl haftet,
Worauf unser Nachen stecket
In den weitgedehnten Fluten,
In den überstillen Tiefen,
Ob auf Klippen oder Zweigen,
Ob auf einer andern Hemmniß."

Selbst der muntre Lemminkäinen
Wendet sich um zuzuschauen,
Schauet unterhalb des Bootes,
Redet Worte solcher Weise:
„Sitzet nicht auf einer Klippe,
Einer Klippe, einem Strauche,
Auf der Schulter eines Hechtes,

Auf des Wasserhundes Hüftbein."

Wäinämöinen alt und wahrhaft
Redet Worte solcher Weise:
„Alles findet man im Wasser,
Zweige oder auch wohl Hechte;
Sind wir auf des Hechtes Rücken,
Auf des Wasserhundes Hüftbein,
Fahre mit dem Schwert in's Wasser,
Schlage Du den Fisch in Stücke!"

Selbst der muntre Lemminkäinen,
Dieser lebensfrische Bursche,
Zog die Klinge aus dem Gurte,
Von der Hüft' den Knochenbeißer,
Fuhr in's Wasser mit der Klinge,
Hieb hinab am Rand des Bootes,
Stürzet selber in das Wasser,
Fährt in's Meer mit seinen Fäusten.

Darauf faßt Schmied Ilmarinen
Bei den Haaren diesen Helden,
Hebt den Mann aus Meeresfluten,
Redet selber diese Worte:
„Alle sind gemacht zu Männern,
Sind gemacht zu Bartesträgern,
Daß erfüllt ein Hundert werde,
Voll ein Tausend sich gestalte."

Zog das Schwert aus seinem Gurte,
Aus der Scheid' das wilde Eisen,
Daß den Fisch er jetzt zerhaue,
Schlägt hinab zur Seit' des Bootes;
Doch in Stücke sprang die Klinge,
Ohne daß der Hecht was merkte.

Wäinämöinen alt und wahrhaft
Redet Worte solcher Weise:
„Nicht seid ihr des Mannes Hälfte,
Nicht das Drittel eines Helden;

Kommt Bedürfnis nach dem Manne,
Hat des Mannes Sinn man nötig,
Ist der ganze Sinn bei Schlichten,
Alle Einsicht bei den Andern."

Selber zieht er seine Klinge,
Greift er nach dem scharfen Eisen,
Stößt die Klinge in die Fluten,
An des Bootes Seit' zur Tiefe,
In des Hechtes breiten Rücken,
In des Wasserhundes Rippen.

Doch sein Schwert blieb dorten stecken,
Haftet in des Fisches Rachen;
Wäinämöinen alt und wahrhaft
Zog den Fisch nun in die Höhe,
Zog den Hecht hoch aus dem Wasser:
Dieser bricht darauf in Stücke,
Auf den Boden stürzt der Fischschweif,
In das Boot der Kopf des Hechtes.

Wieder konnt' der Nachen laufen,
Kam das Boot von seiner Stelle;
Wäinämöinen alt und wahrhaft
Lenkt das Boot zu einer Klippe,
Treibt den Nachen hin zum Strande,
Schaut und blickt nach allen Seiten,
Nach des Hechtkopfs Trümmerstücken,
Selber spricht er diese Worte:
„Wer der älteste der Jungen,
Soll den Hecht hier mir zerspalten,
Soll den Fisch in Scheiben schneiden,
Soll den Kopf in Stücke schlagen!"

Sprachen aus dem Boot die Männer,
Von den Kanten so die Weiber:
„Schöner sind des Fängers Hände,
Heiliger sind seine Finger."

Wäinämöinen alt und wahrhaft
Holt das Messer aus der Scheide,
Von der Hüft' das kalte Eisen,
Daß den Hecht er damit spalte,
Diesen Fisch in Stücke schneide,
Selber spricht er diese Worte:
„Wer die jüngste von den Jungfraun,
Soll den Hecht hier für mich kochen,
Mir zu einem Frühstücksbissen,
Mir zu einem schönen Schmause!"

Kochen gingen nun die Jungfraun,
Um die Wette zehn der Jungfraun;
So nun ward der Hecht gekochet
Zu den Bissen eines Mahles,
Auf der Klippe blieben Knochen,
Fischesgräten auf dem Felsen.

Wäinämöinen alt und wahrhaft
Blickte hin auf diese Gräten,
Schaut' sie an von allen Seiten,
Redet' Worte solcher Weise:
„Was wohl könnte hieraus werden,
Aus den Zähnen dieses Hechtes,
Aus den weitgestreckten Kiefern,
Wär'n sie in des Schmiedes Esse,
Bei dem kund'gen Schmiedekünstler,
In der Hand des klugen Mannes?"

Sprach der Schmieder Ilmarinen:
„Nichts kann aus dem Nutzenlosen,
Aus des Fisches Gräten werden,
Niemals in des Schmiedes Esse,
Bei dem kund'gen Schmiedekünstler,
In der Hand des klugen Mannes."

Wäinämöinen alt und wahrhaft
Redet selber diese Worte:
„Dennoch kann aus ihnen werden,
Aus den Gräten eine Harfe,

Wenn ein Künstler sich nur fände,
Sie zu einem Spielzeug schüfe."

Mit „Spielzeug" ist ein Instrument gemeint, also ein Gerät, auf dem man Musik spielt.

Da kein andrer Künstler nahte,
Keiner, der die Gräten fügte,
Sie zu einem Spielzeug bindet,
Macht der alte Wäinämöinen
Selber sich an das Verbinden,
Machet selber sich zum Künstler;
Macht ein Spielzeug aus den Gräten,
Macht ein Werkzeug ew'ger Freude.

Woher ist der Harfe Wölbung?
Aus des großen Hechtes Kiefer!
Woraus sind der Harfe Stifte?
Aus des großen Hechtes Zähnen;
Woraus sind der Harfe Saiten?
Aus dem Haar des Hiifi-Wallachs.

Schon bereitet war das Spielzeug,
Fertig war bereits die Harfe,
Aus dem Hecht-Gebein das Spielzeug,
Aus der Gräte schon die Harfe.

Kamen nun die jungen Männer,
Kamen die beweibten Helden,
Kamen halberwachsne Knaben,
Kamen kleine Mädchen ferner,
Junge Mädchen, alte Weiber,
Frauen von dem mittlern Alter,
Um die Harfe anzuschauen,
Um das Spielzeug zu betrachten.

Wäinämöinen alt und wahrhaft
Ließ die Jungen, ließ die Alten,
Ließ die Leute mittler Jahre
Mit den Fingern munter spielen

Auf dem Spielzeug aus der Gräte,
Auf der Harfe aus dem Fischbein.

Spielten Junge, spielten Alte,
Spielten Leute mittler Jahre;
Spielten Junge, Finger brachen,
Drehten Alte, Köpfe bebten,
Freude wollte nicht entstehen,
Frohes Spiel sich nicht erheben.

Sprach der muntre Lemminkäinen:
„O ihr Kinder halber Einsicht,
Und ihr Mädchen stumpf von Sinnen,
Auch Du andres Volk voll Jammer!
Nicht verstehet ihr zu spielen,
Ordentlich nicht vorzutragen;
Gebet mir das schöne Spielzeug,
Traget her die hübsche Harfe,
Stellt sie her auf meine Kniee,
An die Spitzen meiner Finger!"

Hat der muntre Lemminkäinen
In den Händen nun die Harfe,
Hat das Spielzeug vor sich stehen,
Hat es unter seinen Fingern;
Setzt zurecht darauf das Spielzeug,
Wendet hin und her die Harfe,
Doch nicht tönen will das Spielzeug,
Will nicht Freude von sich geben.

Sprach der alte Wäinämöinen:
„Nicht ist bei den jungen Leuten,
Nicht im Volk, das jetzo wächset,
Auch nicht bei den alten Leuten,
Wer auf diesem Spielzeug spielen,
Hierauf Freude wecken könnte;
Sollte Pohjola wohl besser
Auf dem Spielzeug spielen können,
Auf demselben Freude wecken,
Wenn ich's nach Pohjola brächte?"

Pohjola ist das Jenseits (germanisch: der Ort Hel).

Bracht' das Spielzeug nach Pohjola,
Bracht' es hin nach Sariola;
Spielten Knaben in Pohjola,
Spielten Knaben, spielten Mädchen,
Spielten auch beweibte Männer,
Spielten Frauen, die verehlicht,
Spielte selbst die alte Wirtin,
Dreht' und wendete die Harfe,
Faßt' sie fest mit ihren Fingern,
Hielt sie mit den Fingerspitzen.

Die „Wirtin von Pohjola" ist die Jenseitsgöttin (Germanen: die Göttin Hel).

Spielten Knaben in Pohjola,
Spielten Leute jeder Gattung,
Nicht zu merken war dort Freude,
Keine Melodie im Spiele;
Ganz verdrehet sind die Saiten,
Elend wimmerten die Haare,
Hart nur waren ihre Töne,
Gräulich war der Klang der Harfe.

Schlief ein Blinder in dem Winkel,
Auf dem Ofen dieser Alten,
Wachte auf dort auf dem Ofen,
Fuhr empor von seiner Schlafstatt,
Knurrte so auf seinem Sitze,
Murmelte in seinem Winkel:
„Höret auf und laßt das Spielen,
Macht dem Lärmen ihr ein Ende!
Bläst mir Löcher in die Ohren,
Sprenget mir den Kopf in Stücke,
Gehet mir durch alle Haare
Und entführt den Schlaf auf lange!"

„Bringt des Suomi Volkes Harfe
Nicht zum Vorschein wahre Freude,
Führt sie nicht zu süßem Schlummer,

Nicht zu angenehmem Schlafe,
O, so werft sie in das Wasser,
Senkt sie in des Meeres Fluten;
Oder traget sie zurücke,
Bringt das Spielzeug wieder dorthin,
In die Hände, die sie schufen,
Zu den Fingern, die sie fügten!"

Hastig antwortet das Spielzeug,
Tönt die Harfe solche Worte:
"Will nicht in das Wasser sinken,
In die Fluten mich nicht senken,
Eher töne ich beim Meister
In der eignen Hand des Künstlers."

Ward die Harfe nun bedächtig,
Ward gar vorsichtig getragen
In die Hand, die sie geschaffen,
Auf die Knie, die sie sich wünschte.

Wäinämöinen alt und wahrhaft,
Dieser ew'ge Zaubersprecher,
Legt die Finger nun in Ordnung,
Wäschet rein die beiden Daumen;
Setzt sich auf den Freudefelsen,
Stellt sich auf den Stein des Sanges,
Auf die silberreiche Höhe,
Auf den goldbedeckten Hügel.

Nimmt die Harfe in die Finger,
Stützt die Wölbung an die Kniee;
Nimmt die Harfe in die Hände,
Redet Worte solcher Weise:
"Komme her um zuzuhören,
Wer es früher nicht gehöret,
Wie die ew'gen Lieder tönen,
Wie die Harfe munter klinget!"

Fing der alte Wäinämöinen
Darauf schön an vorzutragen

Auf dem Spielzeug aus der Gräte,
Auf der Harfe aus dem Fischbein
Schnell erhoben sich die Finger,
In die Höhe stieg der Daumen.

Nun war Freude bei der Freude,
Jubel kam nun aus dem Jubel,
Jetzt ertönte wahres Spielen,
Zum Gesange ward das Singen;
Töne gab der Zahn des Hechtes,
Laute gab des Fisches Gräte,
Laut ertönten dort die Haare,
Klangen da des Rosses Haare.

Auch hier ist die Harfe mit der Jenseitsreise verbunden: Sie beginnt erst nach der Reise in die Unterwelt zu der Jenseitsgöttin Pojohla harmonisch zu klingen.

Spielt der alte Wäinämöinen,
Nicht gab's zu der Zeit im Walde
Tiere laufend auf vier Füßen,
Die mit langen Stelzen gingen,
Die nicht kamen zuzuhören,
Um bewundernd sich zu freuen.

Lustig sprang das muntre Eichhorn,
Kletterte von Ast zu Aste;
Näher kamen Hermeline,
Setzten sich dort an die Zäune,
Auf den Fluren hüpft das Elenn,
Luchse teilen selbst die Freude.

Es erwacht der Wolf im Sumpfe,
Von der Heide selbst erhebet
Sich der Bär vom Tannenlager,
Aus dem fichtenreichen Dickicht;
Läuft der Wolf durch weite Strecken,
Kommt der Bär durch lange Heiden,
Setzt sich endlich an dem Zaune,
Läßt sich nieder an der Pforte,
Daß der Zaun zum Stein sich senket,

Auf den Hain die Pforte stürzet;
Steiget dann auf eine Fichte,
Wälzt sich hin zu einer Tanne,
Um dem Spiele zuzuhören,
Um bewundernd sich zu freuen.

Wie bei Orpheus ruft auch Wäinämöinens Harfenspiel die Tiere herbei.

Tapiola's kluger Alter,
Selbst der Hausherr von Metsola
Und das ganze Volk Tapio's,
Wie die Mädchen, so die Knaben,
Stiegen auf des Berges Spitzen,
Um das Spielen anzuhören;
Selbst die Wirtin von dem Walde,
Tapiola's kluge Alte
Zog nun an die blauen Strümpfe,
Band sie fest mit roten Bändern,
Setzt sich auf der Birke Beule,
Auf die Krümmung einer Erle,
Um das Harfenspiel zu hören,
Um die Töne zu vernehmen.

Alle Vögel in den Lüften,
Alle Schwinger zweier Flügel
Kamen munter da geflattert,
Kamen eiligst angeflogen,
Um die Töne anzuhören,
Um bewundernd sich zu freuen.

Als der Aar zu Hause hörte
Dieses schöne Spiel Suomi's,
Ließ die Jungen er im Neste,
Macht sich selber auf zu fliegen
Zu des hehren Helden Harfe,
Zu dem Spiele Wäinämöinen's.

Von der Höhe flog der Adler,
Durch die Wolken kam der Habicht,
Enten aus der Fluten Tiefe,

Schwäne aus den schwanken Sümpfen,
Selbst die allerkleinsten Finken,
Vöglein, die gar munter zwitschern,
Zeisige in hundert Scharen,
Wohl ein Tausend lust'ger Lerchen
Freuen sich im Raum der Lüfte,
Lärmen auf des Mannes Schultern,
Als der liebe Vater spielte,
Bei den Tönen Wäinämöinen's.

Selbst der Lüfte Schöpfungstöchter,
Voller Lust der Lüfte Jungfraun,
Hatten voller Staunen Freude,
Lauschten auf den Klang der Harfe,
Eine auf der Lüfte Wölbung,
Sitzend auf dem Himmelsbogen,
Auf dem Wölklein saß die andre,
Strahlte auf dem roten Saume.

Hielt des Mondes schöne Jungfrau
Und der Sonne schöne Tochter
In der Hand die Weberkämme,
Heben auf die Weberschafte,
Weben an dem Goldgewebe,
Rauschen mit den Silberfäden
An dem Rand der roten Wolke,
An des langen Bogens Kante.
Als sie aber nun vernahmen
Dieser schönen Harfe Klänge,
Fiel der Kamm rasch aus den Händen,
Rauscht das Schifflein aus den Fingern,
Ging entzwei der goldne Faden,
Riß die Schnur von schönem Silber.

Damals gab es keine Wesen,
Keine Tiere in dem Wasser,
Die mit sechs der Flossen wandern,
Keine Scharen von den Fischen,
Die zum Hören nicht gekommen,

Sich nicht freuten voller Staunen.

Angeschwommen kamen Hechte,
Ungelenk die Wasserhunde,
Von den Klippen kamen Lachse,
Schnäpel aus des Meeres Tiefe;
Mit dem Rotaug' kamen Barsche,
Stinten kamen, andre Fische
Mit der Brust gestützt aufs Schilfrohr;
Kamen an den Strand gestiegen,
Wäinämöinen's Lied zu hören,
Seinem Spiele beizuwohnen.

Ahto, König in den Fluten,
Mit dem Grasbart dieser Alte,
Schleppt sich zu der Wasserfläche,
Schwimmt auf einer Wasserblume,
Lauschte auf die schönen Töne,
Redet' selber diese Worte:
„Hab' dergleichen nie gehöret,
Nie so lang' die Zeiten währen,
Dieses Spiel von Wäinämöinen,
Töne dieses Zaubersängers."

Glätten an dem Meeresufer,
An dem Strand die Schilfesschwestern,
Ihre Haar' die Sotkotöchter,
Kämmen diese Zier der Stirne
Mit der silberreichen Bürste,
Mit den goldgeschmückten Borsten;
Hören da die neuen Töne,
Dieses wunderschöne Spielen,
In das Wasser glitt die Bürste,
Stürzte hastig in die Wogen,
Ungekämmt die Haare blieben
Und zur Hälfte nur geordnet.

Selbst die Wirtin von den Fluten,
Sie die schilfbedeckte Alte
Hob sich aus des Meeres Tiefe,

Taucht' bedächtig aus den Fluten,
Schlich heran zum Schilfesrande,
Wendet' sich auf eine Klippe,
Um die Töne anzuhören,
Wäinämöinen's schönes Spielen,
Da die Töne wunderseltsam,
Wunderschön das Spiel erschallte;
Fing gar rasch an einzuschlummern,
Sank zum Schlafen dorten nieder,
Auf des bunten Felsens Rücken,
Auf der dicken Klippe Kante.

Wäinämöinen alt und wahrhaft
Spielte einen Tag, den zweiten,
Gab dort keinen von den Helden,
Keinen von den kräft'gen Männern,
Keinen Mann und keins der Weiber,
Keine Flechtenträgerinnen,
Die er nicht zu Tränen rührte,
Deren Herz er nicht bewegte;
Weinten Junge, weinten Alte,
Weinten unbeweibte Männer,
Helden, die schon längst beweibet,
Weinten halberwachsne Knaben,
Wie die Knaben, so die Mädchen,
Ja die allerkleinsten Mädchen,
Da die Töne wunderseltsam
Und des Alten Spiel voll Anmut.
Selbst des alten Wäinämöinens
Tränendrüsen schwollen kräftig,
Aus den Augen fielen Tropfen,
Wasserperlen rannen nieder,
Größer als des Sumpfes Beeren,
Gröber als die Erbsenkörner,
Runder als des Feldhuhns Eier,
Größer als die Schwalbenköpfe.

Aus den Augen tropfte Wasser,
Quoll hervor in reichen Tropfen,
Strömte auf die Backenknochen,

63

Gleitet auf der Wangen Fläche,
Von der schönen Wangen Fläche
Auf des Kinnes breite Strecke,
Von des Kinnes breiter Strecke
Auf des Busens hohe Wölbung,
Von des Busens hoher Wölbung
Auf die Knie von großer Stärke,
Von den Knieen großer Stärke
Auf des Fußes hohe Fläche,
Von des Fußes hoher Fläche
Auf den Boden an den Füßen,
Rinnet durch fünf wollne Röcke,
Sechs der goldgestickten Gürtel,
Ja, durch sieben blaue Hemde
Und durch acht der Oberröcke.

Rannen so die Wassertropfen
Von dem alten Wäinämöinen
Zu dem Strand des blauen Meeres,
Von dem Strand des blauen Meeres
In des klaren Wassers Tiefe,
Auf des schwarzen Schlammes Masse.

Sprach der alte Wäinämöinen
Selber Worte solcher Weise:
„Ist in diesen Jünglingshaufen,
In den schönen Jugendscharen,
In dem ausgedehnten Stamme,
Von des Vaters Söhnen einer,
Der nun meine Tränen sammelt
Aus der klaren Fluten Tiefe?"

Also sprachen da die Jungen,
Antwort gaben so die Alten:
„Nicht ist in dem Jünglingshaufen,
In den schönen Jugendscharen,
In dem ausgedehnten Stamme
Von des Vaters Söhnen einer,
Der jetzt Deine Tränen sammelt

Aus des klaren Wassers Tiefe."

Sprach der alte Wäinämöinen
Selber Worte dieser Weise:
„Wer mir meine Tränen brächte,
Wer die Wassertropfen sammelt
Aus der klaren Fluten Tiefe,
Wird ein Federkleid erhalten."

Kam der Rabe angekrächzet;
Sprach der alte Wäinämöinen:
„Hol', o Rabe, meine Tränen
Aus der klaren Fluten Tiefe!
Werd' ein Federkleid Dir geben."
Nicht erhascht der Rab' die Tränen.

Hörte das die blaue Ente,
Kam herbei die blaue Ente;
Sprach der alte Wäinämöinen:
„Oftmals tauchst Du, blaue Ente,
Mit dem Schnabel in die Tiefe,
Kühlst Dich ab im frischen Wasser;
Gehe, sammle meine Tränen
Aus der klaren Fluten Tiefe!
Guten Lohn wirst Du erhalten,
Werd' ein Federkleid Dir geben."

Das Erhalten und Anziehen eines Federkleides ist eine technisch-handwerkliche Variante der Verwandlung in einen Seelenvogel beim Tod bzw. bei der Jenseitsreise. Dieses Motiv ist auch von den Germanen gut bekannt.

Ging die Ente aufzusammeln
Wäinämöinen's schöne Tränen
Aus der klaren Fluten Tiefe,
Von dem Grund des schwarzen Schlammes;
Sammelt aus dem Meer die Tränen,
Trägt sie hin in Wäinö's Hände,
Waren anders schon gestaltet,
Waren wunderschön geworden:
Schimmern nun als schöne Perlen,

Schillern bläulich voller Klarheit,
Zu dem Schmucke manches Königs,
Zu der Mächt'gen ew'gen Freude.

... ...

Wäinämöinen alt und wahrhaft
Dachte nun in seinem Sinne:
„Passend wär' es jetzt zu spielen,
Schicklich Freude nun zu wecken
In dem neuen Aufenthalte,
In dem wunderschönen Hofe;
Doch verborgen ist die Harfe,
Ewig fort mir meine Freude,
Sank zur Wohnung von den Fischen,
In des Lachses Steinesschluchten
Zu der Meereshechte Freude,
Hin zum Volke von Wellamo;
Kann sie mir von dort nicht holen,
Nicht gibt Ahto sie mir wieder."

Die im Meer versunkene Harfe entspricht dem am Abend im Meer versinkenden Schwert des Tyr, das dann am Morgen wiedergefunden wird. Das Schwert des Sonnengott-Göttervaters Tyr ist die Sonne – vermutlich wird auch die „Harfe im Meer" diese Sonnen-Symbolik teilen.

„O Du Schmieder Ilmarinen!
Hast geschmiedet sonst und gestern,
Schmiede auch am heut'gen Tage,
Schmiede eine Eisenharke,
Dichte Zähne an der Harke,
Dichte Zähn' mit langem Schafte,
Daß ich in den Fluten harke,
Daß die Wellen ich in Haufen
Und das Schilf zusammenziehe,
Daß den Strand ich ganz durchharke,
Ich ein Spielzeug mir verschaffe,
Meine Harfe wiederfinde
Aus der Fische Wohnungsstätte,

Aus der Lachse Steinesschluchten!"

Selbst der Schmieder Ilmarinen,
Dieser ew'ge Schmiedekünstler,
Schmiedet eine Eisenharke,
Macht ihr einen Schaft von Kupfer,
Hundertklafterlange Zähne,
Fünffach war des Schaftes Länge.

Nahm der alte Wäinämöinen
Drauf die Harke starken Eisens,
War ein wenig nur gegangen,
Nur ein wenig hingewandert,
Zu den reichbeteerten Walzen,
Zu den kupferreichen Rollen.
War ein Boot dort, zwei der Nachen,
Zwei der Boote in Bereitschaft
Auf den reichbeteerten Walzen,
Auf den kupferreichen Rollen,
Neu war einer von den Nachen,
Alt das zweite von den Böten.

Sprach der alte Wäinämöinen,
Redet' zu dem jungen Boote:
"Gehe, Boot, nun in das Wasser,
Treib' Dich Nachen in die Fluten,
Von den Händen nicht gewendet,
Von dem Daumen nicht gehalten!"

Ging sogleich das Boot in's Wasser
Stieg hinab zur Flut des Meeres;
Wäinämöinen alt und wahrhaft
Setzet selbst sich an das Ende,
Ging das Meer nun zu durchfegen,
Ging die Fluten zu durchkehren;
Kehrt die Wasserblümlein alle,
Auch des Strandes Schutt zusammen,
Selbst des Schilfes kleinste Stückchen,
Schilfes-Stückchen, Rohres-Brocken,
Harkt zusammen jedes Ästchen,

Streifte mit der Hark' die Klippen,
Nirgends kann er jedoch finden
Seine Harf' aus Hechtes-Gräten,
Fort war seine Freud' auf immer,
Seine Harfe blieb verloren.

Wäinämöinen alt und wahrhaft
Schreitet grade nun nach Hause,
Kopfgesenkt und schlechter Laune,
Schiefgeschoben seine Mütze,
Redet nochmals diese Worte:
„Werde niemals wieder wecken
Freude aus des Hechtes Zähnen,
Auf des Fisches Gräte Töne."

... ...

Aus der Birke nun ein Spielzeug,
Schnitzte einen Tag des Sommers,
Bildete sich eine Harfe
Auf der nebelreichen Spitze,
Auf dem waldungsreichen Eiland;
Schnitzt die Wölbung von der Harfe,
Neue Freude auf dem Stammholz,
Schnitzt aus festem Holz die Wölbung,
Schnitzt aus Maserholz das Stammholz.

Sprach der alte Wäinämöinen,
Redet' selber diese Worte:
„Fertig ist der Harfe Wölbung,
Für die Freude auch das Stammholz;
Woher nehm' ich jetzt die Schrauben,
Woher hol' ich gute Pflöcke?"

Wuchs ein Eichbaum an dem Wege,
In die Höhe auf dem Hofe,
Hatte Zweige gleicher Größe,
Eicheln dort auf jedem Zweige,
Goldne Kugeln an den Eicheln,

Auf der Kugel einen Kuckuck.

Wenn der Kuckucksruf ertönte,
Fünf der Töne dort erschallten,
Floß ihm Gold aus seinem Schnabel,
Goß herab sich reiches Silber
Auf die goldbedeckten Hügel,
Auf die silberreichen Höhen;
Daher nahm er Harfennägel,
Daher Pflöcke zu dem Spielzeug.

Sprach der alte Wäinämöinen,
Redet' selber diese Worte:
„Habe Nägel nun zur Harfe,
Pflöcke für mein neues Spielzeug;
Etwas fehlet noch der Harfe,
Fehlen ihr noch fünf der Saiten,
Woher nehme ich die Saiten,
Schaffe ich die tönereichen?"

Ging sich Saiten nun zu suchen,
Schritt einer entlang der Waldung;
Saß ein Mädchen in dem Haine,
Eine Jungfrau in dem Tale,
Dieses Mädchen weinte zwar nicht,
War auch nicht recht voll von Freude:
Sang ein Liedchen vor sich selber,
Daß der Abend schwinden möchte,
In der Hoffnung, daß der Liebste,
Daß er ja recht bald erschiene.

Wäinämöinen alt und wahrhaft
Eilte dorthin ohne Schuhe,
Springet zu ihr ohne Strümpfe;
Als er bei ihr angelanget,
Fing er an um Haar zu bitten,
Redet' selber solche Worte:
„Gib, o Jungfrau, Deine Haare,
Locken Deiner zarten Haare,
Daß sie Saiten auf der Harfe

Zu beständ'ger Freude werden!"

Ihre Haare gab die Jungfrau,
Gab von ihren weichen Haaren,
Gab derselben fünf, ja sechse,
Gab ihm sieben ganze Haare,
Daraus sind der Harfe Saiten,
Sind die ew'gen Freudenwecker.

Fertig war nun seine Harfe;
Setzt der alte Wäinämöinen
Sich auf einen Sitz von Steinen,
Auf den Block an einer Türe.

Nahm die Harfe in die Hände,
Nahm sein Labsal näher zu sich,
Dreht die Wölbung zu dem Himmel,
Stützt den Knopf auf seine Kniee.
Setzt die Saiten dann in Ordnung,
Stimmt dieselben zu einander.

Hatte nun gestimmt die Saiten,
Seine Harfe gut geordnet;
Nimmt sie darauf in die Hände,
Stützt sie auf die Knie querüber,
Ließ das Zeh-End seiner Nägel,
Fünf von seinen Fingern laufen,
Auf den Saiten munter lärmen,
In denselben lustig springen.

Als der alte Wäinämöinen
Da auf seiner Harfe spielte,
Zart von Hand und weichen Fingers,
Seinen Daumen auswärts krümmte,
Da ertönt das Holz der Birke,
Klinget laut die reichbelaubte,
Rief voll Lust das Gold des Kuckucks,
Jubelte das Haar der Jungfrau.

Wäinämöinen's Finger spielen,
Seiner Harfe Saiten tönen,
Berge springen, Blöcke krachen,
Ganze Felsen selber dröhnen,
Steine bersten auf den Fluten,
Kies selbst schwimmet in dem Wasser,
Fichten waren voller Freude,
Stämme hüpften auf der Heide.

Alle Frauen Kalewala's
Eilen fort von ihrem Nähen
Dorthin gleichwie mit dem Strome,
Stürzen hin gleich einem Flusse,
Junge Weiber munter lachend,
Froher Laune jede Wirtin,
Um das Spiel mit anzuhören,
Um die Freude anzustaunen.

Wieviel Männer nahe waren,
Standen, in der Hand die Mütze,
Wieviel Weiber nahe waren,
Hielten ihre Hand zur Wange,
Tränend sind der Mädchen Augen,
Auf der Erde knie'n die Knaben,
Lauschen auf der Harfe Töne,
Staunen ob des freud'gen Klanges,
Reden wie mit einem Munde,
Sprechen wie mit einer Zunge:
„Niemals ist zuvor gehöret
Solch ein Spielen voller Anmut,
Nie, so lang' die Zeiten dauern,
Nie, so lang' das Mondlicht strahlet."

Tönte weit das schöne Spielen,
Tönte über sechs der Dörfer,
Gab daselbst kein einz'ges Wesen,
Das zu hören nicht gekommen
Dieses Spielen voller Anmut,
Dieses Tönen auf der Harfe.

Alle Tiere in dem Walde
Hocken nieder auf die Krallen,
Um die Harfe anzuhören,
Um die Freude anzustaunen;
Alle Vögel in den Lüften
Lassen sich auf Zweige nieder,
Wasserfische jeder Gattung
Nähern sich dem Meeresstrande,
Würmer kommen aus der Tiefe
Auf der Erde Staub gekrochen,
Wenden sich und hören fleißig
Auf das Spielen voller Anmut,
Auf die Freude von der Harfe,
Auf das Drehen Wäinämöinen's.

Spielt' der alte Wäinämöinen
Wohl auf wunderbare Weise,
Ließ gar schöne Töne klingen;
Spielte einen Tag, den zweiten,
Spielte ohne anzuhalten
Von dem Frühstück an dem Morgen,
Von demselben Gurt umschlossen,
Mit demselben Hemd bekleidet.

Spielte er in seinem Hause,
In der Wohnung, die von Tannen,
Dann ertönte die Bedachung,
Dann erdröhnte oft der Boden,
Sang die Decke, heult' die Türe,
Alle Fenster jubeln lustig,
Selbst des Ofens Steine schwankten
Und die Pfeiler selbst ertönten.

Wandert er im Fichtenwalde,
Gehet er durch Tannenhaine,
Bücken tief sich alle Fichten,
Neigen sich zur Erd' die Tannen,
Nieder fallen ihre Zapfen,
Zu den Wurzeln ihre Zweige.

Wandelte er durch die Haine,
Oder schreitet er durch Büsche,
Spielten munter gleich die Haine,
Freuten immer sich die Büsche,
Wurden liebevoll die Blumen,
Beugten sich die jungen Reiser.

... ...

Wäinämöinen alt und wahrhaft
Spielte lange auf der Harfe,
Spielte lange, sang gar lange,
War auch sonst noch voller Freude.

Zu des Mondes Stube drangen,
Zu der Sonne Fenster Töne,
Kam der Mond aus seiner Stube,
Schritt zum Stamme einer Birke,
Aus der Burg kommt auch die Sonne,
Setzt sich in der Tanne Wipfel,
Um das Harfenspiel zu hören,
Um die Freude anzustaunen.

II 4. c) Juden

Außerhalb der indogermanischen Völker ist lediglich noch aus dem Alten Testament die magische Wirkung einer Harfe bekannt: Die Harfe ist das Instrument und das Erkennungsmerkmal des Königs David. Er hat seine Harfe auch dafür benutzt, um böse Geister aus seinem Vorgänger Saul zu vertreiben. Da diese „bösen Geister" nicht näher beschrieben werden, könnte es sich bei ihnen auch um Depressionen o.ä. handeln. Es ist also keineswegs sicher, daß hier eine magische Wirkung gemeint ist.

Darüber heißt es im 1. Buch Samuel in Abschnitt 16, Vers 23:

„Wenn nun der Geist Gottes über Saul kam, so nahm David die Harfe und spielte mit seiner Hand; so erquickte sich Saul, und es ward besser mit ihm, und der böse Geist wich von ihm."

II 5. Harfen in Fantasy-Romanen u.ä.

Viele Elemente aus dem Kult sind zu Symbolen in den Mythen geworden und dann schließlich zu Motiven in den Märchen. Seit J.R.R. Tolkien durch „The Hobbit" und „The Lord of the Rings" die germanischen Sagas wiederbelebt und durch eigene Motive wie die Hobbits angereichert und weiterentwickelt hat, gibt es das Genre des Fantasy-Romans.

In diesen Fantasy-Romanen findet sich auch eine Weiterentwicklung des Harfen-Motivs. Ähnliche Symboliken finden sich auch in der Esoterik, die dieselben Quellen benutzt und dieselben Bilder entwickelt hat wie die Fantasy-Literatur.

In der „Erdzauber"-Trilogie von Patricia McKillip gibt es mehrere Harfen, die teilweise besondere Eigenschaften haben wie z.B. daß sie nur von einem bestimmten Menschen zum Klingen gebracht werden können oder daß ihr Klang Metall zerbricht. Auch in anderen Romanen von McKillip kommen „besondere Harfen" vor.

In der „Taran"-Reihe von Lloyd Alexander gibt es eine Harfe, bei der immer eine Saite zersprang, wenn ihr Besitzer sich mit dem, was er erzählt hat, nicht allzu genau an die Wahrheit hielt. Hier ist die Harfe noch mit der Harmonie verknüpft, die auf der „Richtigkeit" beruht.

In „Harry Potter und der Stein der Weisen" von J.K. Rowling wird der dreiköpfige Riesenhund „Fluffy" von Severus Snape mithilfe einer Harfe eingeschläfert – so wie Orpheus den „Höllenhund" Cerberos eingeschläfert hat.

In dem englischen Märchen „Hans und die Bohnenranke" („Jack and the Bean-stalk") kommt eine goldene Harfe mit einem wunderschönen Klang vor. Da sich diese goldene Harfe im Himmel bei einem Riesen befindet, zu dem Hans mithilfe der Bohnenranke hinaufklettert, wird dieser Riese der Sonnengott-Göttervater sein – zumal dieser Gott in den Mythen oft als Riese erscheint, wenn er in der Unterwelt ist, und Gold zudem das Sonnen-Metall ist. Diese Harfe wird daher einst die Sonnen-Harfe des keltischen Dagda/Lugh bzw. des germanischen Tyr/Bragi gewesen sein. Von diesem Märchen gibt es mehrere Märchen- und Roman-Versionen.

In dem schön illustrierten Buch „Gwinna" von Barbara Helen Berger ist eine Märchen-Version von einer Harfe zu finden, die eine wiederbelebende Wirkung auf „versteinerte" Menschen hat, was ganz in der Tradition der Jenseitsreise-Symbolik der Harfe steht.

Auf den recht gut bekannten Illustrationen zu den zwölf Tierkreiszeichen, die der holländische Maler Johfra angefertigt hat, ist auf dem Löwe-Bild unten links Apollon mit der Leier zu sehen – das Tierkreiszeichen Löwe ist eng mit dem Planeten Sonne verbunden.

In den MCU-Filmen haben die sechs Infinity-Steine eine ähnliche Symbolik wie die Saiten der Harfe: Wenn sie beisammen sind oder wenn sie in einer Reihe stehen, haben sie eine besondere Macht.

II 6. Die Geschichte der Harfen-Symbolik

Am Anfang war der Bogen als Schußwaffe.

Den Klang seiner Sehne beim Loslassen des Pfeiles hat vermutlich schon in der späten Altsteinzeit die Menschen dazu inspiriert, die gespannte Sehne auch zum Musizieren zu benutzen – das war die erste Saite.

Nachdem man mehrere Saiten nebeneinander gespannt hatte, bemerkte man, daß bestimmte Tonhöhen der Saiten besser zusammenklingen als andere. Dadurch konnte die gut gestimmte Harfe zu dem Inbegriff der Richtigkeit werden.

Als in der Jungsteinzeit die Richtigkeit zu dem zentralen weltanschaulichen Begriff geworden war, wurde die gut gestimmte Harfe und das vollkommen runde Rad zu dem Symbol für diese Richtigkeit. Die Symbolik des Rades findet sich bei allen Indogermanen, die Symbolik der Harfe jedoch nur bei den West-Indogermanen. Bei anderen Völkern scheint es keine Harfen-Symbolik zu geben.

Die Richtigkeit ist in der Jungsteinzeit die Eigenschaft und die Gabe der Muttergöttin gewesen. Diese Richtigkeit war eng mit der eigenen Seele und mit der Geborgenheit und dem Urvertrauen verbunden. Als sich im frühen Königtum der Sonnengott allmählich zur obersten Gottheit und zum „Vater des Königs" entwickelte, übernahm der Sonnengott-Göttervater und der König, der der „mythologische Sohn" des obersten Gottes war, die Aufgabe der Herstellung und der Erhaltung dieser Richtigkeit. Daher wurden der Sonnengott-Göttervater und der König als der Sohn dieses Gottes („Sohn der Sonne"; Sohn des Himmels", „Sohn Gottes" u.ä.) mit der Harfe assoziiert. Wenn die Könige in den alten Geschichten auf der Harfe spielen, stellen sie folglich die Richtigkeit wieder her, wodurch wieder die Harmonie in den Geist der Zuhörer einkehrt.

Das zweite Symbol, das bei den West-Indogermanen mit dem Sonnengott-Göttervater verbunden war, ist das Schwert gewesen: der Göttervater war auch der Kriegsgott – Tyr bei den Germanen, Dagda bei den Kelten, Mars bei den Römern, Ares bei den Griechen usw. Sie war jedoch ein Symbol der Kraft und des Sieges.

Die Harfe wurde recht sicher auch im Kult des Sonnengott-Göttervaters gespielt – vermutlich beim Sonnenaufgang, da das Aufsteigen der Sonne symbolisch die rechte Ordnung wiederhergestellt hat.

Es wird nicht lange gedauert haben, bis auch bei der Rückkehr eines Schamanen von einer Jenseitsreise die Harfe gespielt worden ist. Dies gilt natürlich insbesondere für die erste Jenseitsreise eines Schamanen bei seiner Einweihung. Eine solche Szene findet sich u.a. in der bereits angeführten Merlin-Erzählung, in der ein Barde auf der Harfe spielt, als Merlin aus seinem „besonderen Bewußtseinszustand" zurückkehrt.

Vom Spielen der Harfe nach der Jenseitsreise war es kein großer Schritt zu dem Motiv, daß die Harfe ein Hilfsmittel bei der Jenseitsreise war. Dadurch glich sie nun von ihrer Symbolik her der weltweit verbreiteten Schamanen-Trommel. Durch diesen

Zusammenhang ist das Motiv der „einschläfernden Harfe" entstanden – der Tod, die Trance und die Jenseitsreise sind dem Schlaf verglichen worden, denn der Leib des Jenseitsreisenden liegt bei dessen Fahrt in die Unterwelt in der Regel reglos, d.h. wie schlafend da.

Vor dem Hintergrund dieser Verknüpfung der Harfe mit der Jenseitsreise der Sonne und der Schamanen sowie der Priester und des Königs bei ihrer Weihung ist es verständlich, daß man bei den Germanen die Grabkammer und den Klangkörper der Harfe, die man beide „Kiste" nannte, miteinander assoziierte. Dadurch konnte die Jenseitsgöttin in der Grabkammer des Hügelgrabes zur „Frau in der Kiste" werden.

An welcher Stelle in dieser Entwicklung das recht seltene Motiv der harfespielenden Jenseitsgöttin entstanden ist, läßt sich nur schwer einschätzen – vermutlich erst recht spät.

In den keltisch-germanischen Märchen ist die Harfe weiterhin mit der Sonne und dem Sonnengott-Göttervater, der u.a als Riese im Himmel erscheint, verbunden geblieben.

In den Sagas und viel später in den Fantasy-Romanen sind vor allem die magischen Eigenschaften der Harfe, die auf ihrer Verbindung mit der Jenseitsreise beruhen, erweitert und betont worden.

III   Die Magie der Harfe

Der interessanteste Punkt an allen Mythen und Sagas ist natürlich, ob sie im eigenen Leben lebendig werden können und ob sie dann die eigenen Wahrnehmungs- und Handlungsmöglichkeiten erweitern.

Dabei kann man wie bei den meisten Themen die allgemeine Ebene und die individuelle Ebene unterscheiden.

III 1.   Allgemeine Magie-Eigenschaften

Zunächst einmal zeigt die Geschichte der Harfe bei den West-Indogermanen, daß das Spielen der Harfe in der westindogermanischen Kultur, also im Groben in Europa westlich des Urals, nicht nur das Spielen von Melodien ist, sondern daß es dabei im Hintergrund auch ein spirituell-religiös-magisches „Erbe" gibt, das man evtl. in sich selber wachrufen kann.

Die mit der Harfe im westindogermanischen Kulturkreis verbundenen Qualitäten sind die Richtigkeit, die Harmonie, die Jenseitsreise und die Heilung. Zudem gibt es einige Götter wie bei den Kelten Dagda und Lugh, bei den Germanen Tyr und Bragi, bei den Griechen Apollon, bei den Thrakern Orpheus usw., die man sehr wahrscheinlich durch Harfenmusik recht einfach rufen kann, weil sie diese Methode sozusagen gewohnt sind.

Die weltweit verbreiteten morgendlichen Hymnen an den Sonnengott-Göttervater, die bei den Indogermanen sehr wahrscheinlich von Harfenklängen begleitet worden sind, legen es nahe, bei allen spirituellen, magischen, religiösen oder psychologischen Formen des „Erweckens" und des „Erwachens" eine Harfe zu benutzen, da sie Analogien zu dem Sonnenaufgang sind.

Schließlich läßt die Verbindung der Harfe mit der Jenseitsreise vermuten, daß man die Harfe auch mit den Familienaufstellungen, die die moderne Form des Kontakts mit den Ahnen sind, kombinieren kann.

All diese Formen der Unterstützung der Magie durch eine Harfe beruhen nicht auf Eigenschaften, die die Harfe in sich selber trägt, sondern auf der Resonanz zu dem, wozu die Harfe in der westindogermanischen Tradition ca. 3 Jahrtausende lang (2000v.Chr. - 1000n.Chr.) verwendet worden ist.

Die Verwendung einer Harfe in der Magie kann man folglich dem Verwenden von Planetensymbolen oder Tarotkarten vergleichen: Sie haben eine Prägung, auf die man in einem Magie-Ritual zurückgreifen kann.

III 2.   Individuelle Magie-Eigenschaften

Bei der Betrachtung der individuellen Verwendung der Harfe in der Magie gibt es zwei Aspekte: zum einen die Beschreibung, wie man die Bedeutung der Harfe für sich selber herausfinden kann, und zum anderen Beispiele für Menschen, die diese Bedeutung für sich selber herausgefunden haben – das ist in diesem Buch meine eigene „Harfen-Geschichte".

III 2. a)   Die Suche nach der eigenen Verwendung der Harfe

Über die eigene Verwendung der Harfe in der Magie läßt sich nicht allzuviel sagen, weil dies von Mensch zu Mensch verschieden ist.

Vermutlich wird es in den meisten Fällen irgendein Ereignis gegeben haben, das „den Stein ins Rollen gebracht hat". Man hat an irgendeiner Stelle gemerkt, daß „da was ist mit der Harfe". Es wird sich vermutlich fast immer lohnen, sich dieses Erlebnis genauer an zusehen – egal ob es ein Motiv in einer Geschichte war, das Bild einer Harfe, ein Traum, das Spiel eines anderen auf einer Harfe … was auch immer. Wenn ein Ereignis einen dazu bewegen kann, sich auf die Suche zu machen und ein „Harfe-Rätsel" zu lösen, wird dieses Ereignis nah an der Bedeutung der Harfe für einen selber sein.

Als nächstes kann man schauen, was man bisher alles mit Harfen erlebt hat, und dann prüfen, ob sich aus diesen Erlebnissen ein Puzzle zusammensetzen läßt.

Es ist auch recht sicher, daß die Harfe, wenn sie denn für einen selber wirklich wichtig sein sollte, auch einen Bezug zu dem gesamten eigenen Charakter und zu den zentralen Motiven im eigenen Leben hat – und es ist anzunehmen, daß man sonst auch kaum dieses Buch lesen würde …

Man kann auch die Stellung des Neptuns im eigenen Horoskop betrachten. Neptun ist u.a. der Musik-Planet und kann daher auch etwas über die eigene Beziehung zur Harfe aussagen. Das Tierkreiszeichen, in dem der Neptun steht, sagt etwas über das grundlegende Verhältnis zur Harfe aus, über die Substanz, aus der sie besteht, über den Aspekt der Mythologie, der für einen selber wichtig ist, usw. Das Haus, in dem der Neptun steht, sagt etwas darüber aus, wie man die Harfe verwendet. Die astrologischen Aspekte des Neptuns zeigen schließlich, wie man mit der Harfe umgeht, wie man sie einsetzen kann, mit welchen Themen (Planeten) sie verbunden ist.

Schließlich zeigt sich die Bedeutung der Harfe für einen selber am deutlichsten ganz schlicht in der Art und Weise, wie man sie verwendet.

III 2. b)   Meine Verwendung der Harfe

Die recht abstrakten Ausführungen in dem vorigen Abschnitt können am einfachsten etwas lebendiger werden, wenn ich von meinem eigenen Verhältnis zu meiner Harfe berichte.

Das erste Mal habe ich als Jugendlicher in Märchen und in einigen Mittelalter-Comics wie „Johann und Pfiffikus: Der Ring von Burg Hohenfels" Harfen bewußt wahrgenommen. Als ich diese Harfen gesehen habe, hatte ich sofort den Wunsch auch eine solche Harfe zu besitzen – und es war immer eine keltische Harfe, niemals eine Konzertharfe.

Als Jugendlicher habe ich viel gezeichnet und habe u.a. ein Wappen für mich entworfen: Eine Harfe und vor ihr ein Schwert, dahinter Meer und Himmel und die aufgehende Sonne.

Ich hatte damals noch keine Harfe gehört und habe auch nicht nach einer Schallplatte mit Harfen-Musik gesucht. Es war die Harfe selber, ihr Aussehen, das mich angezogen hat. Ich habe damals Gitarre, Zither, Orgel und Bongos gespielt und hatte daher zumindestens eine ungefähre Vorstellung davon, wie sich das Harfe-Spielen anfühlen und anhören könnte.

Mit ungefähr 27 Jahren haben ich bei meinem Freund Jörg Wichmann dessen Freund Fred Hageneder kennengelernt. Jörg hat mir damals eine MC mit Harfenmusik von Fred geschenkt, die mir z.T. sehr gut gefallen hat. Einige Jahre später hat mir Jörg noch Freds CD „The Spirit of Trees" zugesandt, durch die ich das erste mal erkannt habe, wie kreativ man Harfe spielen und dabei das Wesen eines Baumes wie durch ein Gemälde darstellen kann.

Eine Frau, mit der ich zusammen in dem Bioladen gearbeitet habe, den ich 20 Jahre lang mitgeleitet habe, hat mir zu meinem 43. Geburtstag ihre keltische Harfe geschenkt, die sie selber gebaut hat – das war das größte Geschenk, das ich jemals erhalten habe! Ich konnte es kaum fassen. Ich hatte auf einmal eine Harfe – sie war von selber zu mir gekommen. Die Frau hatte sich selber eine Konzertharfe gekauft und fand, daß ihre keltische Harfe bei mir besser aufgehoben war.

Als ich auf der Harfe zu spielen begann, habe ich sofort gespürt, daß ich dieses Instrument nicht erst zu erlernen brauche, sondern daß meine Hände wissen, was sie tun müssen – es war sofort ein freies Fließen von meinem Herzen über meine Finger in die Harfe da. Natürlich konnte ich nichts technisch Anspruchsvolles spielen und ich war weit davon entfernt, irgendetwas ähnliches wie Fred Hageneder spielen zu können, aber es war ein müheloses, freies Fließen aus mir heraus in die Harfe.

So etwas in dieser Art habe ich später lediglich noch einmal mit dem Streichpsalter erlebt, den ich ebenfalls nicht zu erlernen brauchte. Ich spiele recht viele Instrumente wie Gitarre, Laute, zehnsaitige Laute, Sas, Sitar, Zither, Psalter, Harfe, E-Gitarre, Querflöte, Klavier, Orgel, Congas usw., weil jedes Instrument wie eine neue Stimme ist, die ich erhalte – aber dieses direkte, einfache Spielenkönnen, diese Vertrautheit mit dem Instrument gleich beim ersten Versuch habe ich nur bei der Harfe und beim Psalter erlebt, der ja der Harfe nah verwandt ist.

Ich habe zwar auch Noten gelernt und einige Stücke für Gitarre, Klavier, Orgel usw. gelernt, aber das hat mir letztlich keine Freude gemacht – es war immer das Improvisieren, was sich wirklich lebendig und bereichernd angefühlt hat. Ein ähnliches Gefühl kenne ich vom Tanzen.

Bei Jörgs Hochzeit hat Fred die „Kirchenmusik" gespielt und auf seiner Harfe improvisiert – Jörg und ich können ihm dabei endlos lange zuhören. Fred kann sowohl beim Komponieren als auch beim Improvisieren sein Gefühl in seine Musik legen. Ich kann zwar auch für Solo-Instrumente und auch für Orchester komponieren, aber die Stücke dann nicht selber spielen – einfach deshalb, weil mir das keine Freude macht. Einige meiner selbstkomponierten Musikstücke sind bei youtube unter meinem Namen zu finden.

Der Bezug zwischen meiner Harfe und meiner Magie ist mir mit ungefähr 51 Jahren deutlich geworden. Damals hat mich ein Bekannter besucht und ich habe für ihn etwas auf meiner Harfe improvisiert. Das hat ihm so gut gefallen, daß er mich gebeten hat, auf der Taufe seines dritten Sohnes Harfe zu spielen, was ich dann auch getan habe.

Bei dem anschließenden Essen bei meinem Bekannten habe ich telepathisch gehört, wie er sich mit seiner Frau darüber unterhalten hat, ob sie mir zum Dank ein kostbares Buch, das sie besaßen, schenken sollten. Dieses „zufällige Mithören" per Telepathie passiert mir recht häufig, wenn sich das Gespräch auf mich bezieht.

Ich wußte garnicht, wie ich damit umgehen sollte, daß die beiden überlegten, mir dieses wertvolle (und sehr teure) Buch zu schenken und war ganz verlegen. Da hat sich auf einmal eine Stimme in mir gemeldet und gesagt „Tue das, was Du in solchen Situationen immer getan hast." Dabei habe ich einen Rittersaal in einer Burg gesehen, in der ich zum Dank für den Lohn für mein Harfespiel, den ich von dem Burgherrn erhalten hatte, ihm noch einmal ein Lied auf der Harfe gespielt habe.

Ich war ein bißchen verwirrt über dieses Bild und diesen Satz, aber andererseits fühlte sich das auch vollkommen vertraut an. Als die beiden dann tatsächlich mit dem Buch zu mir kamen, habe ich ihnen gedankt und mich mit meiner Harfe vor sie auf den Boden gesetzt. Ich habe mich innerlich wie bei einer Familienaufstellung auf die Seele meines Bekannten ausgerichtet und seine Seele durch meine Hände spielen lassen. Das habe ich mir nicht überlegt – das kam spontan in dem Augenblick.

Als ich zuende gespielt habe, waren alle eine ganz Zeit lang still, bis schließlich mein Bekannter sagte, daß sich das für ihn so angefühlt habe, als ob er selber für sich sein eigenes Lied gespielt habe, obwohl er ja nur still dagesessen hatte und garnicht Harfe spielen könne. Das war genau das, was ich intuitiv getan hatte ohne daß ich auch nur geahnt hatte, das so etwas möglich ist: Ich habe seine Seele durch meine

Hände das Lied meines Bekannten spielen lassen.

Das habe ich danach noch in einigen anderen Situationen mit anderen Menschen erlebt. Das war nie geplant, auch wenn ich da schon wußte, daß es diese Möglichkeit gibt. Vielleicht ist das auch absichtlich möglich – vermutlich ja, aber ich habe es noch nie ausprobiert.

Im Grunde ist das die Weise, auf die ich am liebsten Musik spiele: In mir ist etwas, das nach Ausdruck sucht, woraufhin ich das passende Instrument in die Hände nehme. Manchmal ist das, was nach Ausdruck sucht, eben auch im Außen … Die Musik ist für mich immer der Ausdruck für einen Inhalt, der nach Ausdruck sucht.

Ich bin auch schon gefragt worden, ob ich bei einem Schauspiel auf der Harfe spiele, aber das paßt für mich nicht – ich kann nur Harfe spielen, wenn es etwas „Echtes" ist wie eine Taufe, eine Beerdigung, eine Hochzeit, eine Suche nach sich selber usw. Wenn ich Harfe spiele, bekomme ich Kontakt zu dem Innersten – dem ich dann durch mein Harfenspiel eine Gestalt geben kann.

Das ist nicht bei allen Instrumenten so – ich kann durchaus auch auf Partys Conga spielen und afrikanische Tänze anleiten. Mit dem Psalter ist es so ähnlich wie mit der Harfe – mit ihr kann ich auch nur die Stimmung, die gerade da ist, spielen oder etwas, was gerade nach Ausdruck sucht. Der Psalter ist für mich wie ein Harfe, die mit einem Bogen gestrichen statt mit den Fingern gezupft wird. Allerdings ist für mich das Erlebnis des Einklangs mit etwas, das nach Ausdruck sucht, bei der Harfe intensiver als beim Streichpsalter.

Ich habe mittlerweile mehrmals auf Taufen und Beerdigungen Harfe gespielt, aber für einen einzelnen Menschen zu spielen ist deutlich erfüllender für mich, weil es dann wesentlich intensiver wird. Ich habe auch schon für andere Menschen, die in völligem innerem Aufruhr waren, Harfe gespielt und sie dadurch beruhigen können – auch dabei habe ich die Seele des anderen durch meine Finger auf der Harfe spielen lassen.

Als ich begonnen haben, meine Bücher-Reihe über die germanische Mythologie und ihre Zusammenhänge zu den anderen indogermanischen Mythologien zu schreiben, habe ich einige Aspekte der Harfe entdeckt, die für mich neu waren. Diese Zusammenhänge habe ich schon in dem mythologischen Teil dieses Buches dargestellt.

In diesem Zusammenhang ist mir auch das Wappen eingefallen, daß ich als Jugendlicher für mich gemalt habe: Dort ist die Sonne das zentrale Symbol – der Sonnengott-Göttervater, der bei den Indogermanen Dhyaus, Tyr, Dagda, Zeus, Shiun, Papaois usw. heißt. Das Meer, aus dem die Sonne aufsteigt, ist die Wasserunterwelt, aus der die Sonne am Morgen zurückkehrt. Am Morgen bei Sonnenaufgang haben die West-Indogermanen mit Gesang und Harfe die Sonne begrüßt. Der westindogermanische Sonnengott-Göttervater war auch der Gott des Schwertes, das ebenfalls auf meinem Wappen abgebildet war.

Mein Wappen war also eine Darstellung des westindogermanischen Sonnengott-

Göttervaters: die aus dem Meer aufsteigende Sonne mit der Harfe und dem Schwert des Gottes. Offensichtlich habe ich beim Zeichnen dieses Wappens etwas in mir erkannt, was ich erst sehr viel später auch bewußt religionsgeschichtlich wiedergefunden habe. Das Motiv „Schwert und Harfe" ist auch in dem Roman „Erdzauber" ein zentrales Element.

Bei dem Schreiben der 87 Bücher über die germanische Religion habe ich mich auch immer mit deutlichem Abstand am meisten für den Sonnengott-Göttervater Tyr interessiert – er hat mich angezogen, ich wollte sein Wesen ergründen … so als ob ich mich dadurch selber erkennen könnte.

In dieser Zeit habe ich auch beschlossen, auch selber einmal eine keltische Harfe zu bauen. Das hat noch einmal eine neue Form der Verbindung zu der Harfe entstehen lassen, auch wenn es nichts Grundsätzliches an meinem Verhältnis zur Harfe verändert hat.

Beim Bauen meiner Harfe habe ich mich gefragt, ob ich sie in irgendeiner Weise verzieren soll. Erst schwebten mir drei rote Edelsteine auf der Stirn der Harfe vor, aber nachdem ich erkannt hatte, daß ich dieses Motiv aus dem Roman „Erdzauber" entnommen habe, habe ich es sein gelassen. Schließlich habe ich mich dafür entschieden, nur die beiden Lachse des Dagda, die auch auf der Harfe des irischen Königs Brian Boru abgebildet sind, auf den Harfenbogen zu schnitzen. Die beiden Lachse stellen die Weisheit des Dagda dar, sein Wissen über Diesseits und Jenseits sowie sein Erhalten der Richtigkeit. Von diesem Symbol konnte ich sagen, daß es genau das ausdrückt, was die Harfe für mich bedeutet.

Das Spielen von etwas, auf das ich mich innerlich ausrichte wie z.B. die Seele eines anderen Menschen, kann ich nur mit meiner Harfe, aber mit keinem anderen Instrument. Ob das nun an mir liegt oder an der mythologischen Vorgeschichte der Harfe, weiß ich nicht sicher, aber mir scheint es wahrscheinlich zu sein, daß es die Resonanz zu der alten Harfen-Symbolik ist, die mir diese spezielle Form der Harfen-Magie ermöglicht – diese Magie stimmt einfach zu genau mit den alten Harfen-Mythen überein.

Allerdings kann ich auch mit den meisten anderen Instrumenten die Gefühle ausdrücken, die ich gerade selber in mir habe und die nach Ausdruck suchen.

Man kann sein eigenes Verhältnis zur Harfe auf verschiedene Weisen betrachten. Mir ist der „Seelen-Ansatz" am sympathischsten:

Die eigene Seele hat eine bestimmte Qualität und sie hat eine bestimmte Absicht für ihre derzeitige Inkarnation. Mit dieser Qualität und mit dieser Absicht prägt sie den Lebenskraftkörper ihrer derzeitigen Inkarnation, also des Menschen, in dem sie sich befindet.

Die Lebenskraft hat die Eigenheit, daß in ihr Gleiches Gleiches anzieht – darauf beruht die Analogie-Magie der Sympathie-Zauber, die Homöopathie, die Astrologie und noch einiges anderes. Die Anziehung zwischen gleichen, verwandten Dingen fügt Gleiches zusammen und bildet Symbole, Komplexe, Mythen.

Das bedeutet, daß der von der Seele geprägte Lebenskraftkörper alles Verwandte zu sich heranzieht und eine Gruppe, ein Symbol, einen Komplex, eine Mythe, eine „Familie von Verwandtem" bildet.

- Wenn aus dem Tierreich ein Tier durch den von der Seele geprägten Lebenskraftkörper angezogen wird, erscheint das Tier, dessen Dynamik der Dynamik der Seele und ihrer Absicht am ähnlichsten ist. Dieses Tier kann man dann als das eigene Krafttier erleben.

- Wenn aus dem Pflanzenreich eine Pflanze durch den von der Seele geprägten Lebenskraftkörper angezogen wird, erscheint die Pflanze, deren Haltung der Haltung der Seele und ihrer Absicht am ähnlichsten ist: die Kraftpflanze.

- Wenn aus dem Pilzreich ein Pilz durch den von der Seele geprägten Lebenskraftkörper angezogen wird, erscheint der Pilz, dessen Gemeinschaftsform der Gemeinschaftsform der Seele und ihrer Absicht am ähnlichsten ist: der Kraftpilz.

- Wenn aus dem Reich der Mineralien ein Mineral durch den von der Seele geprägten Lebenskraftkörper angezogen wird, erscheint der Stein, dessen Struktur der Struktur der Seele und ihrer Absicht am ähnlichsten ist: der Kraftstein.

- Auf dieselbe Weise kann auch aus dem Bereich der Instrumente das Instrument durch den von der Seele geprägten Lebenskraftkörper angezogen werden, das von seinem Wesen her am besten der Seele und ihrer Absicht am ähnlichsten ist.

- Wenn aus dem Bereich der Götter ein Gottheit durch den von der Seele geprägten Lebenskraftkörper angezogen wird, erscheint die Gottheit, deren Qualität der Qualität der Seele und ihrer Absicht am ähnlichsten ist: die Schutzgottheit. Möglicherweise ist diese Gottheit jedoch der Ursprung der Seele, die dann ein „Tropfen" von dem „Meer" dieser Gottheit wäre.

Diese „Verbündeten" können in jeder Inkarnation andere sein, da auch die Absicht der Seele für ihre jeweilige Inkarnation unterschiedlich ist. Wenn die Gottheit der Ursprung der Seele sein sollte, wird diese Gottheit natürlich dieselbe bleiben.

Es kann natürlich auch noch in anderen Bereichen solche „Verbpündete" geben, weil sie von ihrem Charakter her der Seele und ihrer Absicht entsprechen.

Alle diese Verbündeten bilden zusammen mit der Seele und der Gottheit die eigene Mythologie:

- Meine Schutzgottheit ist Osiris – er ist das Urbild der Seele und der Wiedergeburt und auch der Heilung und der Selbsterkenntnis. Es gibt in anderen Religionen ähnliche Gottheiten – sie sind alle miteinander verwandt: Tyr, Dagda, Orpheus, Krishna, Jesus … Sie sind verschiedene Bilder, Gestalten, Erscheinungsformen derselben Gottheit.

- Meine Seele hat als zentrales Anliegen die Selbsterkenntnis und den ungehinderten, strahlenden Selbstausdruck – bei mir und bei den Menschen, denen ich begegne.

- Meine Seele hat mir ein (inneres) Schwert geschenkt, mit dem ich Klarheit schaffen kann.

- Meine Seele hat mir einen (inneren) Kelch geschenkt, der voller Liebe ist.

- Mein Krafttier ist eine Wölfin – die Wölfe sind die Jenseitsführer und helfen dem Schamanen auf seinem Weg zu den Seelen.

- Meine Kraftpflanze ist der Thuja, der Lebensbaum – er ist als der kabbalistische Lebensbaum der Jenseitsweg.

- Mein Kraftstein ist der Bergkristall – er schafft geduldig in allen Dingen Klarheit und öffnet auch den Blick für die Seelen.

- Mein Kraftpilz ist der Fliegenpilz – er hilft mir, durch Entspannung das Wesentliche zu erreichen.

- Mein Horoskop ist durch ein gradgenaues Sextil zwischen Pluto und Neptun geprägt, wobei der Neptun an meinem Aszendenten steht – ich lebe also mit all meiner Kraft (Pluto) für die Neptun-Themen wie Mystik, Magie, Ökologie, Kunst, Sozialengagement usw.

- Alle diese verschiedenen Aspekte meines Wesens fügen sich zu einer „persönlichen Mythologie" zusammen, in der die Selbsterkenntnis und der Selbstausdruck das zentrale Element sind.

In diese „persönliche Mythologie" paßt auch die Harfe als mein Instrument – ihre Geschichte und Symbolik stimmen mit der Absicht meiner Seele überein.

Auch die meisten meiner bisherigen Berufe entsprechen dieser Neptun-Mythologie und ihren spirituellen, religiösen, sozialen, künstlerischen und ölologischen Themen: Astronomie-Student, Ägyptologie-Student, Ballett-Student, Altenpfleger, Magier, Paramentiksticker, Bioladner, Forscher, Schriftsteller und Berater.

- - -

Das ist jetzt natürlich meine ganz individuelle Beziehung zur Harfe und die Verwendung meiner Harfe in der Magie, aber ich hoffe, daß dieses Beispiel den einen oder anderen dazu anregen kann, seine eigene Form der Harfen-Magie innerhalb seiner eigenen „persönlichen Mythologie" zu finden.

Da Sie dieses Buch lesen, haben sie offenbar Interesse an Harfen. Daher sollte es auch möglich sein, mit etwas Geduld herauszufinden, auf welche Weise die Harfe in Ihre eigene persönliche Mythologie gehört. Wenn man das herausgefunden hat, wird man wahrscheinlich auch herausfinden, welche Art von Magie das eigene Harfenspiel entfalten kann.

IV   Der Bau der Harfe

Man kann sich eine Harfe kaufen oder auch eine Harfe selber bauen. Der Eigenbau mit einem Bausatz, in einem Baukurs oder auch völlig eigenständig macht mehr Arbeit, aber ist auch billiger und vor allem erhält man dadurch ein persönlicheres Verhältnis zu der eigenen Harfe.

Ein weiterer Vorteil ist die Möglichkeit, die Harfe selber zu gestalten. Dazu ist es notwendig, sich eine Weile Gedanken darüber zu machen, was man mit der Harfe vorhat, was sie für einen bedeutet usw. Diese Absicht sollte man dann auch durch die Gestaltung der Harfe ausdrücken.

Zu der Gestaltung gehört zunächst einmal die Wahl des Modells – irische Harfe, böhmische Harfe, Hakenharfe, Konzertharfe usw. Von welchem Modell wird man am meisten angesprochen? (Eine Konzertharfe wird man jedoch nicht selber bauen können.)

Dann kann man wählen, welche Prägung man der Harfe geben will:

- garkeine Prägung,
- einfache Rankenornamente ohne größere Bedeutung, für die Harfe am Harfenbogen,
- die Blätter und Blüten und Ranken eines bestimmten Waldes,
- eine Feuer-Symbolik,
- eine Wasser-Symbolik,
- eine Erd-Symbolik,
- eine Luft-Symbolik,
- eine Licht-Symbolik,
- mit Elfenbein eingelegte Mondsicheln und einen Vollmond,
- eine Sonne aus Gold oder Bernstein an der Harfenstirn,
- den geschnitzten Doppel-Lachs des Dagda am Harfenbogen,
- einen bestimmten Edelstein an der Harfenstirn, dessen Qualität man der Harfe beifügen will wie z.B. einen Feueropal für die aufsteigende Kundalini, was man mit einem geschnitzter Drachenkopf an der Harfenstirn kombinieren könnte,
- ein Stück Mistelholz an der Harfenstirn als Wiedergeburtssymbol,
- aufgemalte Efeuranken am Klangkörper als Mysterien-Symbol,
- das Sternbild Orion an der Harfenstirn, das wahrscheinlich schon seit der späten Altsteinzeit einen Jäger (und später Osiris) symbolisiert hat, da diese Symbolik sowohl in Eurasien als auch im indianischen Amerika zu finden ist,
- Lebens-Symbole, Heilungs-Symbole, Schutz-Symbole u.ä. ausschließlich aus einer bestimmten Kultur, mit der man sich eng verbunden fühlt,

- einen eingeschnitzten oder eingelegten Namen
- den Kopf einer Gottheit an der Harfenstirn, insbesondere den Kopf der eigenen Schutzgottheit oder einer Harfen-Gottheit,
- die Symbole der eigenen Verbündeten (Krafttier, Kraftpflanze, Kraftstein, Kraftpilz u.ä.),
    usw.

Es gibt fast unbegrenzt viele Möglichkeiten, die Harfe auf eine bestimmte Weise zu prägen. Auch das Lackieren der Harfe in einer bestimmten Farbe hat eine große Wirkung.

Man kann die Harfe auch einfach schmucklos und neutral und ungeprägt lassen – was dann, wenn man sich unsicher ist, was man genau mit seiner Harfe will, die weiteste Entscheidung sein wird.

Man kann die Harfe auch einer bestimmten Gottheit weihen, wenn sie in der eigenen persönlichen Mythologie mit einer bestimmten Gottheit verbunden ist. Eine solche Weihung ist generell naheliegend, wenn man die Harfe schon durch ihre Gestaltung auf eine bestimmte Weise geprägt hat. Diese Weihung sollte mit der Gestaltung der Harfe übereinstimmen.

Wenn man die Harfe weitestgehend allein baut, kann man auch die astrologischen Zeitpunkte für den Bau der Harfe auswählen, die dann ihren Charakter prägen werden – z.B. Vollmonde für eine große Spannung in der Musik, die man auf dieser Harfe spielt.

Man kann die Harfe auch mit der Leier des Apollon oder des Orpheus oder mit der Harfe des Lugh oder des Bragi identifizieren. Um das zu erreichen, stellt man sich schon beim Bau der Harfe intensiv vor, daß dies die Harfe dieser Gottheit ist, daß die Gottheit beim Bau unsichtbar mithilft, indem man den Namen der betreffenden Gottheit beim Harfenbau wie ein Mantra spricht, indem man ein Lied an die Gottheit verfaßt, das man während des Harfenbaus singt, indem man den Namen, die Symbole und Szenen aus den Mythen dieser Gottheit auf die Harfe schnitzt, einlegt oder malt usw.

Diese Form der intensiven Prägung hat natürlich nur dann einen Sinn, wenn man sich z.B. eng mit dem keltischen Sonnengott Lugh verbunden fühlt und man durch das Spielen auf der Harfe stets den Kontakt zu dem Gott Lugh herstellen will, den Gott Lugh durch sich selber spielen lassen will, anderen Menschen Rat und Hilfe von Lugh zukommen lassen will usw.

V Das Spielen der Harfe

Was man auf der Harfe spielt, hängt ganz einfach davon ab, warum man spielen will.

Ich kenne einen Harfner, dessen größte Freude es ist, auf der Harfe zum Tanz aufzuspielen und dabei auch die Tänze anzuleiten. Dieser Harfner geht ganz in seiner Harfen-Tanzmusik auf und beginnt dann zu strahlen. Hier stehen Lebensfreude, Rhythmus, Schwingen und Strahlen im Vordergrund – das ist der direkteste Weg zu der Qualität der Richtigkeit.

Meine Art des Harfenspiels, durch das ich Menschen an sich selber erinnern kann, ist eine Form des Heilens.

Andere Harfner spielen die Harfe im Kult einer Religion – als Lied-Begleitung, beim Chanten, beim Trancetanz usw.

Wieder andere haben einfach Freude daran, bestimmte Harfenstücke auswendig zu lernen und sie dann vorzutragen – dies ist einfach Musik-Genuß.

Hier gibt es eine große Vielfalt.

Wenn man auf der Harfe zu spielen beginnt, ist es hilfreich, eine ungefähre Vorstellung davon zu haben, was man will.

Man kann natürlich damit beginnen, bestimmte Stücke zu lernen, aber man kann sich auch einfach mit der Harfe hinsetzen und frei improvisieren.

Eine Variante der Improvisation ist die „imaginative Improvisation". Dafür wählt man sich ein Bild oder ein Thema wie die eigene Seele, einen Sonnenaufgang, einen Fluß, die Traurigkeit über eine Trennung usw. Dann beginnt man dieses Thema in die eigenen Hände und Finger fließen zu lassen. Dabei wird der Verstand ziemlich wenig gebraucht – das ist mehr ein Lauschen und Tasten und intuitives Spielen.

Wenn man mehr der kultisch-meditative Typ ist, kann man die Melodie eines Götter-Liedes spielen und diese Melodie über längere Zeit hin wiederholen.

Eine Variante dieser Methode ist das Spiel einer solchen Melodie, die man nach und nach variiert. Diese Variationen nimmt man jedoch nicht bewußt vor, sondern man konzentriert sich innerlich auf die Gottheit und führt sozusagen ein „wortloses Gespräch" mit ihr, das dann durch die Variationen der Melodie ihren Ausdruck findet.

Eine andere Variante dieser Methode ist das Spielen einer einfachen gleichbleibenden Melodie im Baß mit der linken Hand und dazu eine mit der rechten Hand in den hohen Tönen improvisierten, dazu passenden Melodie. Diese Methode ist jedoch weniger „innerlich" und weniger „spirituell" als die vorige Methode, bei der man sich wortlos mit einer Gottheit unterhält. Trotzdem kann diese Art des Spielens große Freunde machen.

Die eben beschriebene Methode kann man auch dazu benutzen, um das derzeit wichtigste eigene innere Thema zu finden. Dafür beginnt man mit einer einfachen Baßmelodie, die ganz schlicht aus dem regelmäßigen Wechsel zwischen zwei Saiten bestehen kann, und lauscht dann in sich hinein, was man mit der rechten Hand dazu spielen will.

Auch hier gibt es wieder fast endlos viele Ansätze des Harfenspiels, die sich alle ein wenig unterscheiden.

Das wichtigste ist anzufangen und aufmerksam zu sein. Dann wird man herausfinden, was einem Freude bereitet und was einen erfüllt. Das ist dann die Art des Harfen-Spiels, die am besten zu einem paßt.

VI   Traumreisen zur Harfe

Die meisten Traumreisen habe ich bisher zu Gottheiten, Tieren und Pflanzen unternommen, aber nur sehr selten zu Gegenständen wie zu einer Harfe. Man könnte auch zu Dagda, Lugh, Tyr, Shiun, Bragi, Apollon oder Orpheus reisen und sie nach der Harfe bzw. Leier befragen. Ich werde bei der folgenden Traumreise mit der Harfe beginnen und dann mal schauen, was ich dabei finde und wohin mich das führt.

Ich beginne bei dieser Traumreise wegen dem ungewöhnlichen Thema damit, mir innerlich meine eigene irische Harfe vorzustellen. Sie steht nun vor mir.

Ich frage sie: „Kannst Du mit mir sprechen?"

„Ja."

„Das ist schön – ich habe sonst eigentlich in Traumreisen noch nicht mit Gegenständen gesprochen."

„Kein Problem ... aber Du hast schon per Traumreisen verlorene Schlüssel gefunden oder den Defekt an einem Automotor herausgefunden."

„Da habe ich mir eine Sache als Sache angeschaut bzw. mir angeschaut, wo diese Sache liegt. Jetzt würde ich gerne das Wesen eines Gegenstandes besser verstehen – das empfinde ich als etwas anderes."

„Es ist auch anders."

„Was kannst Du mir denn über das Wesen der Harfe erzählen?"

„Das Wichtigste hast Du ja schon in Deinen Mythen-Betrachtungen beschrieben."

„Kannst Du das noch ergänzen?"

„Ja. Erst ist die Harfe ein Symbol für die richtige Ordnung in allen Dingen gewesen – später wurde sie zu einem Gegenstand mit der Macht, diese Ordnung herzustellen, und schließlich allgemein zu einem Gegenstand mit der einen oder anderen magischen Macht."

„Hm, ja ... das habe ich noch nicht so differenziert gesehen, aber das leuchtet ein. Wieso sind gerade die Indogermanen, d.h. die West-Indogermanen auf diese Symbolik gekommen?"

„Bei ihnen hatten die Sänger die Aufgabe, das Leben der Fürsten und ihre Taten zu verherrlichen und in Liedern festzuhalten. Die Sänger waren die Bewahrer des Ruhmes der Könige, indem sie die Lieder über die verstorbenen Könige sangen."

„So weit kenne ich das."

„Dadurch, daß die Sänger nun eine hervorgehobene Stellung hatten, erhielt auch die Harfe eine zunehmende Betonung."

„Ist das so wie mit dem Rad, das ja nicht als Töpferscheibe oder als Rad an einem Ochsenkarren die Richtigkeits-Symbolik erhalten hat, sondern als Rad des Streitwagens?"

„Ja – die indogermanische Kriegerkultur wählte Gegenstände, die ihnen wichtig waren, als Symbol für die Werte, die ihnen wichtig waren – wie eben das Rad und die Harfe für die Richtigkeit. Dabei erhielt die Symbolik der Richtigkeit durch das Streitwagen-Rad auch eine gewisse Aggressivität."

„Das hat sich ja dann bei Buddha wieder aufgelöst, der das achtspeichige Rad als Symbol für seine Lehre, für den 'Achtfachen Pfad' benutzt hat."

„Er hat das Rad der Richtigkeit zur Darstellung der Richtigkeit seiner Lehre verwendet."

„Hm, ja ... das ist schon beinahe Propaganda, auf jeden Fall eine geschickte Verwendung von Symbolen."

„Die Kombination von Harfe und Schwert in den Händen des Sonnengott-Göttervaters der Indogermanen, der ja anfangs auch noch der Schwert- und Kriegsgott gewesen ist, zeigt ja auch, daß hier die Richtigkeit, die anfangs noch solche Dinge wie die gerade Achse der Töpferscheibe oder den richtigen Aussaattermin dargestellt hat, bei den Indogermanen schon zu einer Art 'Recht des Mächtigsten' geworden ist."

„Hm ... ja, das läßt sich wohl kaum leugnen ... ... gibt es denn noch andere Aspekte der Harfe, die Du mir zeigen könntest?"

„Sprich mit den Harfen-Göttern."

„Hm ... gut ... Bragi – magst Du mir etwas über Dich und Deine Harfe erzählen?"

„Ich bin der Harfner- und Sänger-Aspekt des Tyr, der bis 500 n.Chr. bei den Nordgermanen der Göttervater und der Sonnengott gewesen ist."

„Und bis ca. 750 v.Chr. bei den Südgermanen?"

„Ja – aber ich bin es bei ihnen länger gewesen. Aber als Tyr, nicht als Bragi."

„Kannst Du mir noch etwas über Dich und Deine Harfe sagen?"

„Sie ist das Instrument, das die Seelen ruft. Sie ist das Instrument der Schamanen, das Instrument bei der Einweihung, das Instrument bei der Jenseitsreise."

„Davon finden sich in der germanischen Überlieferung ja nur noch kleine Reste ..."

„Ja – aber es ist einst so gewesen. Die Harfe war das Instrument der germanischen Schamanen."

„Hm ... und das Instrument im Kult des Tyr?"

„Ja."

„Ich würde gerne etwas erfahren, was ich noch nicht weiß ..."

„Frage Tyr."

„O.k. ... Tyr – kannst Du mir etwas über Dich und die Harfe erzählen?"

„Die Harfe ist Deine innere Harmonie – der Klang Deiner Seele, der Deine Psyche heilt."

„Das klingt ziemlich psychologisch-spirituell und modern ..."

„Das sind Worte aus der Sprache, die Du benutzt und verstehst."

„Hm ... ja ... wie paßt das denn zu dem kriegerischen Charakter der Germanen und der Indogermanen, von denen die Harfen-Symbolik abstammt?"

„Das 'ich selber sein', wie ihr das heute sieht, enthält die Notwendigkeit zur Koope-ration, zum Frieden, da ihr euch sonst selber vernichten würdet. Früher war das 'ich selber sein' vor allem ein Bild des unbesiegten Kriegers – zumindestens bei kriegeri-schen Völkern wie den Indogermanen. Das war eine andere Zeit und ein anderes Ideal, das natürlich auch die Vorstellungen über die Richtigkeit geprägt hat."

„Ja, das verstehe ich ... Gibt es denn noch etwas Magisches, Spirituelles zu der Harfe zu sagen?"

„Was könnte magischer und spiritueller sein als die Erkenntnis der eigenen Seele und als die Einweihung und die Jenseitsreise, die diese Wirkung haben?"

„Tja ... da hast Du wohl recht ... da habe ich neugierig und unbedacht gefragt."

„Fragen und Neugier sind niemals verkehrt."

„Hm ... Danke, Tyr. Und ich danke auch Dir, Bragi!"

„Bitte."

„Dagda – magst Du mir etwas über Dich und Deine Harfe erzählen?"

„Frag Mannan McLir."

„Hm – das habe ich jetzt nicht erwartet ... er ist Du als der nächtliche bzw. winter-liche Sonnengott in der Wasserunterwelt. So wie Ägir bei den Germanen der Jenseits-Tyr ist oder Poseidon bei den Griechen der Jenseits-Zeus. ... Ja, gut ... Mannan McLir, magst Du mir etwas zu der Harfe sagen?"

„Komm zu mir."

„O.k. ..."

Ich tauche in meiner Traumreise in das Meer hinunter zu dem Unterwasser-Palast des Mannan McLir. Ich betrete den Palast, der ja auch in im Beowulf-Epos als der Unterwasser-Palast des Grendel und seiner Mutter beschrieben werden. Ich suche Mannan McLir ... schließlich finde ich ihn in einem großen Saal. Er winkt mich freundlich näher. Es ist alles voller Wasser, aber ich kann hier atmen – oder ist da doch kein Wasser? Das wechselt hin und her ... Ich stehe nun vor Mannan McLir, der auf seinem Thron sitzt.

„Warum soll ich hier zu Dir in die Wasserunterwelt gehen, Mannan McLir?"

„Die Unterwelt ist die Welt der Seelen – wenn Du als Lebender in der Meditation oder in einer Traumreise zu Deiner Seele gehst, bist Du auch im Jenseits, in der Unterwelt. Und wenn Du das Geheimnis der Harfe ergründen willst, mußt Du in das Reich der Seelen gehen – in den Bereich des Bewußtseins, wie Du es nennen wür-dest."

„Weil ich dort mich selber finde, meine Wahrheit, meine eigentlichen Impulse?"

„Ja. Das Harfe-Spielen kann wie eine Reise zu Deiner eigenen Seele sein."

„Liegt das im Wesen der Harfe begründet?"

„Die Harfe eignet sich gut dafür – sie ist klar, sie schwingt, sie hat Akkorde, man kann auf ihr vielfältige Melodien spielen ... und sie ist durch die Tradition bei den

Germanen und Kelten und Griechen und anderen West-Indogermanen eng mit der Jenseitsreise und der Richtigkeit verbunden. Aber sie entfaltet diese Wirkung des Findens der Seele und des Ruhens in ihr und des Strahlens aus ihr heraus erst dann, wenn die Harfe auch aus diesem Wunsch heraus gespielt wird."

„Ja ... kann mir Lugh noch etwas anderes zu der Harfe sagen?"

„Frag ihn selber."

Plötzlich steht Lugh vor mir, der Sonnengott. Ich sehe ihn so, wie er in dem irischen Nationalepos 'Der Rinderraub von Cuailgne' beschrieben wird – als junger, strahlender Mann ... Er hat eine derart intensive Ausstrahlung, daß ich kaum weiß, wie ich Worte finden soll, um ihn zu fragen.

Doch Lugh ergreift selber das Wort: „Frage nicht – lausche."

Er hält auf einmal eine Harfe in seinen Händen und spielt auf ihr ... einen einzelnen Ton, der sich ausweitet wie Wellen auf dem Wasser ... er schwingt immer weiter, er schwingt in allem, er erfüllt alles ... dieser Ton ist wie der Klang der Seele in allen Dingen ... wie ein Grundton, auf dem alles aufbaut ...

Lugh spielt diesen Ton noch einmal ... dann spielt er andere Töne – klare, einfache Tonfolgen ... das scheint die Bewegungen der Menschen, Tiere, Pflanze und aller Dinge zu lenken ... Lenkt Lugh mit seiner Harfe alle Dinge?

Lugh schaut mißbilligend – offenbar habe ich da was falsch interpretiert ...

Ich lausche seinem Harfen-Spiel ... sein Harfen-Spiel hat eher eine Wirkung wie der Schlaf oder wie Meditation auf die Menschen und die anderen Wesen: Sie erinnern sich an sich selber. Ich sehe an Lughs Gesichtsausdruck, daß ich jetzt näher an der Wahrheit bin ...

Jetzt blickt er mich durchdringend an und spielt dabei einige Töne, die heftig in mich eindringen ... ich spüre ihnen nach ... sie sind in meinem Brustbereich ... sie sind wie Weckrufe ... wie Rufe, die mich an etwas erinnern sollen ... Ich habe das Gefühl, daß sie noch nicht so ganz die Wirkung entfalten, die sie entfalten könnten ... Sind sie ein Aufruf zu mehr Mut, zu mehr Eigenständigkeit?

„Sollte ich selber auch auf meiner Harfe in dieser Weise spielen, Lugh?"

Er spielt noch einmal den Grundton der vorigen Töne. ... Ich soll wohl eher ihm lauschen als selber spielen ...

Er wiederholt immer wieder diesen einen Ton ... er wird wie zu meinem Pulsschlag ... der Ton hat eine Farbe wie Bronze ... er hat etwas Warmes an sich ... etwas Erfüllendes ... er erinnert an die Sonne ...

Jetzt kann ich meine Seele wahrnehmen – sie hat die Gestalt angenommen, die sie meistens hat, wenn ich sie sehe ... sie und Lugh lächeln einander zu – das ist ziemlich komisch, ihnen dabei zuzusehen ... Was ist hier gerade meine Funktion? Wo stehe ich in dieser Begegnung zwischen Lugh und meiner Seele? ... Ich habe das Gefühl, ich sehe da etwas, was ich mit meinem Erleben noch nicht erreichen kann ...

Ich bleibe einfach mal eine Weile hier und schaue und lausche ... ...

Nachdem nun eine ganze Weile nichts Neues geschehen ist, danke ich den drei keltischen Göttern Dagda, Mannan McLir und Lugh.

Dann wende ich mich innerlich an Apollon: „Kannst Du mir etwas über Dich und die Harfe bzw. die Leier sagen, Apollon?"

„Nichts, was Du nicht schon von anderen gehört hättest."

„Hm ... Danke, Apollon!"

„Kannst Du mir noch etwas sagen, Harfe?"

„Nein – nun ist es an der Zeit, auf der Harfe zu spielen statt mir ihr zu sprechen."

„Ja ... Danke, Harfe, für alles, was Du mir gesagt und gezeigt hast!"

„Bitte."

„Ho!"

Man sollte Traumreisen nicht als die Offenbarung der Wahrheit auffassen – aber sie machen Dinge sichtbar, die man in seiner Psyche trägt, und auch Dinge, die man sich mehr oder weniger unbewußt telepathisch von außen holt.

Daher enthalten Traumreisen fast immer auch neue Bilder und Erkenntnisse oder Zusammenhänge, die sehr bereichernd sein können. Der Wert dieser Bilder und Erkenntnisse zeigt sich darin, daß sie die eigenen Einstellungen und Handlungen und auch das eigene Leben verändern können.

Die wertvollsten Traumreisen werden natürlich immer die sein, die man selber durchführt und erlebt.

VII Harfen-Verse

Die folgenden Verse sind von den Betrachtungen über die Harfe inspiriert worden. Die Gedicht-Formen entsprechen der jeweiligen Kultur. Die Inhalte der Lieder sind manchmal ein wenig frei gestaltet – nicht alle Motive sind in der entsprechenden Kultur üblich gewesen.

Diese Gedichte kann man unter anderem auch für die Harfen-Weihungen, die später in diesem Buch noch beschrieben werden, benutzen.

1. Saitenklänge

Stille, meine Hand ruht auf den Saiten ...
es regt sich eine Kraft in mir,
es beginnt zu strömen, sich zu weiten.
es wächst etwas im Jetzt und Hier.

Ein Baß formt eine ebene Weite,
ein zweiter fügt drei Hügel hinzu;
Akkorde schaffen Wälder an jeder Seite,
wecken Töne aus tiefer Ruh'.

Hohe Quarten formen schneebedeckte Berge,
Triolen rollen plätschernd durch das Tal;
Tiefe Quinten wecken Elf und Zwerge,
ein Stakkato ruft Regentropfen ohne Zahl.

Mein Herz beginnt als Melodie zu fließen,
fließt als Bach, als Fluß, als Strom;
ich beginne die Wasserfälle-Terzen zu genießen,
Genuß für mich: der Töne hoher Dom.

2. An Lugh

Lugh Lamfadha, ich spiele für Dich,
webe meine Töne in Deine Melodie:
wecke Singen, Klingen, Springen
im Wind, im Wald, in Wurzeln.

Lugh Langarm, ich spiele für Dich,
folge mit Akkorden Deiner Weise:
rufe Grünen, Blühen, Sprühen
auf Birken, Baum und Buchen.

Lugh Lamfadha, ich spiele für Dich,
webe Triller in Deine Klänge:
füge Machen, Wachen, Lachen
in Hirn und Hand und Huld.

Lugh Langarm, ich spiele für Dich,
folge mit Bässen Deinem Lied:
forme Keimen, Reimen, Scheinen
in Lied und Lachen und Lust.

3. An Tyr

In der germanischen Dichtkunst wurden viele Umschreibungen („Kenningar") und Anspielungen benutzt. Sie werden in den Anmerkungen am unteren Ende der Seiten erklärt.

Himmels-Haupt[1], höre meine Bitte:
helfe meiner Harfe rein zu klingen;
Sonnen-Surt[2], siehe mich,
stimme die Saiten meiner Harfe!

Hügel-Hüter[3], hier stehe ich vor Dir[4]:
hebe meine Harfe zur Sonne empor[5];
Schwert-Sieger[6], schau auf mich,
sende Kraft in meiner Harfe Saiten!

---

1   Himmels-Haupt: Die Germanen und auch die meisten anderen indogermanischen Völker sahen die Sonne als den Kopf des Sonnengott-Göttervaters (Germanen: Tyr) an.

2   Sonnen-Surt: Surt war einst die feurige Morgensonne; später war er der nächtliche Tyr in der Unterwelt.

3   Hügel = Hügelgrab; sein Hüter = der Tote; hier ist der Sonnengott-Göttervater Tyr in seinem nächtlichen Hügelgrab gemeint, aus dem er am Morgen zurückkehrt, wobei er bzw. seine Priester zur Harfe die Sonnenaufgangs-Hymnen sangen.

4   stehe ich vor Dir: Der Sänger-Priester steht am Morgen vor dem Hügelgrab des Tyr, also vor dem Kultplatz des Sonnengott-Göttervaters, der oft „Adler-Hügel" genannt worden ist, da die Seele des Göttervaters bei den Indogermanen als Adler dargestellt worden ist.

5   die Harfe zur Sonne emporheben: Geste der Bitte einer Weihung der Harfe durch die Sonne (Tyr)

6   Schwert-Sieger: Tyr als Schwertgott

Toten-Thiazi[7], das Tor des Grabes[8] steht offen:
trage Töne des Himmels[9] zu meiner Harfe;
Met-Mimir[10], mein Helfer in Midgard[11],
mache meiner Harfe Saiten golden strahlend[12]!

Geister-Gott[13], gütiger Grimnir[14]:
gib meiner Harfe Richtigkeit und Klang!
Drachen-Delling[15], Du Öffner des Tores[16]:
dehne meiner Harfe Saiten auf die rechte Weise.[17]

Helm-Heimir[18], Helfer der Skalden[19]:
hol mir Harfen-Melodien aus dem Himmel[20];
Schild-Schützer[21], singe wahre Worte[22]:
schirme[23] meiner Harfe Saiten allezeit!

---

7   Thiazi = Variante des Namens „Tyr"; Toten-Thiazi = Tyr als Totengott und Unterweltsgott

8   Grab = Hügelgrab des Tyr; sein Tor = das Tor, aus dem Tyr am Morgen als wiedergeborene Sonne hervortritt

9   Töne des Himmels: Da Tyr der Sonnengott ist, ist er auch der „Herr des Himmels", weshalb die „Töne des Himmels" Klänge sind, die Tyr selber erzeugt hat und die daher voller Richtigkeit sind.

10 Met = ritueller Unsterblichkeits-Trank; Mimir = Beiname des Tyr als der Gott der Erinnerung; Met-Mimir = Tyr als Ritual-Leiter in Jenseitsreise-Ritualen

11 Midgard: „Mittel-Erde" = Diesseits, Erde

12 golden strahlend: Anspielung auf die Sonne

13 Geister-Gott: Tyr als Totengott

14 Grimnir: „Maskenhelm-Gott" = Tyr

15 Drache = Totengeist im Hügelgrab; Delling = Morgensonne; Drachen-Delling = der am Morgen als Sonne aus der Unterwelt zurückkehrende Tyr

16 Tor = Tor des Hügelgrabes des Tyr; dessen Öffner am Morgen: Tyr

17 die Harfensaiten auf die rechte Weise dehnen = die Harfe stimmen

18 Helm = eines der Symbole des Tyr (Maskenhelm); Heimir = Name einer Saga-Variante des Tyr; Helm-Heimir = Tyr

19 Skalden = Sänger, Dichter; Helfer der Skalden = Tyr als Gott der Dichtkunst (nach 500n.Chr. war dies Odin)

20 Himmel = Wohnort des Sonnengott-Göttervaters Tyr am Tag

21 Schild-Schützer: Die Sonne wurde auch als Tyrs Schild angesehen. Weiterhin war Tyr auch der Kriegsgott, also der Beschützer der Schilde der Krieger.

22 wahre Worte = Worte voller Richtigkeit, die daher schöne, wirksame und magische Worte sind

23 schirmen = beschirmen, schützen

4. An Apollon

Weithintreffender Apollon, Bogenschütze des Olymp,
Du sendest jeden Morgen Sonnen-Pfeile in den Himmel,
die Götter und die Menschen zu erwecken, zu ergötzen.
Du erhebst Deine leuchtende Leier, die goldene,
und streichst mit Deiner göttlichen Hand über ihre Saiten,
wovon der Tau auf den Olivenbäumen erzittert,
die jungen Frauen zu ihrem Tagewerk erwachen
und die Bauern sich für die Arbeit auf den Feldern rüsten.
Die Klänge Deiner schimmernden Saiten auf Hermes Werk[24]
erfüllen die Seelen der Menschen mit wärmender Freude,
erinnern sie an das Licht ihrer Seele in ihrem pochenden Herzen.
Zeus der Donnerer erhebt sich von seinem Lager
und Hera flicht kunstvolle Zöpfe in ihr schönes Haar;
der Listenreiche[25] macht sich auf den Weg zu Hades
und Athene späht vom Berg Ida[26] aus in die Nebel-bedeckte Ferne.
Und wir hier in den Tälern hüten das Feuer in Deinen Tempeln
und spielen Dir zu Ehren auf unseren Leiern das Morgenlied.

---

24 Hermes Werk: die Leier des Apollon, die von Hermes erschaffen worden ist
25 Listenreicher = Hermes
26 Ida = heiliger Berg auf Kreta, auf dem Zeus geboren wurde; Hier ist jedoch der Berg Ida in der Türkei in der Nähe von Troja gemeint, von dem aus die griechischen Götter dem trojanischen Krieg zusahen und ab und zu auch in ihn eingriffen, um ihn ihren Zielen entsprechend zu lenken.

5. An Marduk

Sonnenherr, jäte die Disteln auf meinem Pfad,
Königsgott, verbrenne die Dornen auf meinem Weg!

Sende mir das Feuer Deiner Hörnerschlange,
Schicke mir den Klang Deiner Harfe!

Du hast die Berge und das Meer zur Deinem Reich zusammengefügt,
Du hast den Himmel und die Unterwelt um Dein Land gelegt.

Als Sonne läßt Du die Pflanzen grünen,
Als Wind läßt Du die Saiten erklingen.

Du bist das Licht in meinem Herzen,
Du bist der Klang in der Welt.

Dein Lied erfreut meine Seele,
Deine Weise belebt meinen Leib.

Du fügst das Vereinzelte zur Gemeinschaft zusammen,
Du führst die Töne zum Harfenklang zusammen.

Schaffe Einklang in Deinem weiten Reich,
Forme Harmonie in meinem kleinen Gemüt!

Sonnenherr, Du bist die Kraft der Richtigkeit,
Königsgott, Du bist der Fluß der Heilung!

6. An Ma'at

Ma'at, Du hobst die Urinsel aus den Fluten,
Ma'at, Du formtest das erste runde Ei,
Ma'at, Du trennst Himmel und Erde,
Ma'at, Du verbindest Geb und Nut,[27]
Ma'at, Du gibst den Flüssen Form und dem Meer,
Ma'at, Du festigst der Sonne Lauf,
Ma'at, Du öffnest das Tor am Horizont,[28]
Ma'at, Du entzündest das Phönix-Feuer am Morgen,[29]
Ma'at, Du zeigst den Affen das Morgengeschrei,
Ma'at, Du gibst den Bäumen aufrechten Wuchs,
Ma'at, Du gibst den Tieren Hufen und Tatzen,
Ma'at, Du bringst Mann und Frau ihre Vereinigung,
Ma'at, Du lehrst die Bauern Aussaat und Ernte,
Ma'at, Du richtest die Achse der Töpferscheibe gerade aus,
Ma'at, Du formst das runde Rad,
Ma'at, Du formst die geraden Linien der Pyramide,
Ma'at, Du schreibst die Hieroglyphen auf den Obelisken,
Ma'at, Du ordnest die Töne des Gesangs,
Ma'at, Du bringst die Wahrheit in die Sprache,
Ma'at, Du bringst die Richtigkeit in das Tun,
Ma'at, Du bringst die Schönheit in das Antlitz,
Ma'at, Du bringst die Kraft in die Magie,
Ma'at, Du läßt die Weisheit im Urteil entstehen,
Ma'at, Du bist die rechte Form in allen Dingen,
Ma'at, Du hast mein Herz geöffnet,
Ma'at, Du hast mein Auge geöffnet,
Ma'at, Du hast meine Hand geöffnet,
Ma'at, Du hast meine Ohren befreit,
Ma'at, Du hast meine Nase gesegnet,
Ma'at, Du hast meinem Mund Raum gegeben,
Ma'at, Du bist die Mutter meiner Seele,
Ma'at, Du bist das Leuchten meiner Seele,
Ma'at, Du bist das Lied meiner Seele,
Ma'at, Du hast meine Harfe gestimmt.

---

27 Geb und Nut = Erdgott und Himmelsgöttin
28 Horizont-Tor: Schoß der Himmelsgöttin, die morgens die Sonne gebiert
29 Phönix = Seelenvogel der Sonne; sein Feuer = Morgenrot

7. Lied an die Harfengötter

Die Reim-Verse des folgenden Liedes ließen sich besser in Englisch als in Deutsch verfassen …

Dagda, guide my hands,
Lugh, come, bless my fingers;
sound from sea and lands
fills my harp and lingers.

Tyr, please tune my strings,
Bragi, give them fullness;
give them roots and wings,
heat and waters coolness.

Phoibos[30], wake my soul,
Orpheus, call all beings;
please came, make us whole:
light for thougts and feelings!

---

30 „Phoibos" ist der wichtigste Beiname des Appollon bei den Griechen gewesen. Er bedeutet „Leuchtender" und kennzeichnet ihn als den Sonnengott – er ist einst der Sonnen-Aspekt des Zeus gewesen.

Die erste Zeile ist die Gesangs-Melodie, die zweite Zeile dieselbe Melodie, die mit der rechten Hand auf den hohen Harfen-Saiten gespielt wird, die dritte Zeile ist die Baß-Begleitung, die mit der linken Hand auf den tiefen Harfen-Saiten gespielt wird.

Die drei Takte ohne Gesang am Anfang werden zwischen jeder Strophe gespielt. Man kann dieses dreistrophige Lied auch als Kirtan, also als lange Zeit immer wieder aufs Neue gesungenes Lied benutzen.

VIII Harfenmusik

Es gibt recht viel Musik für Harfe solo oder für Harfe und andere Instrumente. Eine vollständige Liste wäre zum einen extrem umfangreich und zum anderen nicht sehr hilfreich. Daher finden sich hier nur einige wenige Hinweise auf besondere Harfen-Stücke. Sie sind alle bei youtube zu finden.

Alan Stivell: E Langonned   Dies ist die erste Schallplatte mir Harfenmusik gewesen, durch die die Harfe als Instrument wieder populär geworden ist. Es gibt von Alan Stivell noch etliche weitere Platten und CDs wie z.B. „Renaissance of the Celtic Harp".

Trobar de Morte: The Harp of Dagda   Dies ist ein Lied einer spanischen Gruppe über die Harfe des Dagda.

Fred Hageneder: Spirit of Trees   Auf dieser CD finden sich Stücke für Harfe und ein oder mehrere andere Instrumente, die jeweils das Wesen eines Baumes sehr anschaulich darstellen: Birke, Eberesche, Esche, Weide, Lärche, Linde, Ulme, Buche, Eiche und Eibe.

Coriolan: Carolans Dream   Ein traditionelles irisches Harfenstück.

Barrachash: Celtic Jewels   Diese Sampler-CD enthält einige Harfen-Stücke von Jennifer White im „neo-keltischen" Stil.

Jennifer White: Brighid's Dance   Ein kurzes Harfen-Stück an die keltische Göttin Brighid.

Jonas Wrana: The Celtic Harp   Ein kurzes, lebhaftes Harfen-Stück.

Nadia Birkenstock: A Trip to the Islands   Eine Komposition für Harfe im neo-keltischen Stil.

Nadia Birkenstock: First Snow   Eine Komposition für Harfe im neo-keltischen Stil.

Traditionell: The Harp that once through Tara's Halls   Ein schlichtes englisch-keltisches Harfenlied.

Naia Darme: Aquaharp   Eine fließende „Wasser-Musik" für Harfe.

„Butterfly": Medieval Harp-Music   Leider ist der Komponist dieses melodisch-melancholischen Harfenstücks nicht bekannt.

Pjotr Iljitsch Tschaikowsky: Schwanensee   In dieser Ballett-Suite und in „Der Nußknacker" finden sich einige der bekanntesten Stücke mit Harfe, die teilweise sehr kreativ und zugleich sehr harmonisch komponiert worden sind.

Georg Friedrich Händel: Konzert für Harfe und Orchester   Eine typische Barock-Musik mit dem damals eher untypischen Solo-Instrument Harfe.

Jan Zach: Harfenkonzert in c-Moll   Dieses leicht-fröhliche Konzert wurde ca. 1740 komponiert.

Bedrich Smetana: Die Moldau   Diese Orchester-Komposition gibt es auch für Harfe solo.

Alfredo Casella: Harfen-Sonate op. 68   Ein leicht experimentelles, aber vorwiegend harmonisches Stück, das 1943 komponiert worden ist.

Sarah Deere-Jones: Celtic and Aeolien Harp   Harfen-Improvisationen auf der Harfe zum Klang der Windharfe.

IX Die Weihung einer Harfe

Um auf einer Harfe zu spielen, ist es nicht nötig, sie zu weihen – auch die Gitarre von David Gilmour, das Keybord von Tony Banks und das Schlagzeug von Ringo Starr sind ziemlich sicher nicht geweiht worden. Meist werden Amulette, Talismane u.ä. geweiht, also Gegenstände, die eine rein magische Funktion haben. Doch auch Kirchen, Tempel, Kelche u.ä. werden geweiht, also Gegenstände, die bei einer magisch-symbolischen Handlung benutzt werden. Doch es gibt auch Gebrauchs-gegenstände, die geweiht werden – dazu gehörten in früherer Zeit die Viehweihe, die Felderweihe, die Schwertweihe u.ä.

Es ist also nichts vollkommen Ungewöhnliches, auch einen Gebrauchsgegenstand zu weihen.

IX 1. Die Form der Weihung

Wie überall in der Magie ist es auch bei einer Harfenweihe von der größten Bedeu-tung, ein klares Ziel zu haben – erst wenn man weiß, was man will, kann man auch etwas dafür tun, das Gewollte zu erreichen. Daher ist es sinnvoll, sich vor einer Harfenweihe genügend Zeit zu lassen, um herauszufinden, was man mit der Harfe will – und auch um herauszufinden, ob man mit der Harfe voraussichtlich für längere Zeit dasselbe wollen wird.

Wenn man eine klares Ziel gefunden hat, kann man die Harfe selber entsprechend dieses Zieles gestalten und eine Weihung entwerfen und durchführen. Idealerweise beziehen sich die Gestaltung der Harfe und die Weihe in vielen Punkten aufeinander. Bei einer „Sonnen-Harfe" könnten dies z.B. die folgenden Elemente sein:

Gestaltung der Harfe	Motive in der Weihung der Harfe
- Sonne an der Harfenstirn	= Anrufung des Sonnengottes Lugh
- die Dagda-Lachse am Harfen-Bogen	= Anrufung des Dagda
- Rad-Symbol am Klangkörper	= Erhaltung der Richtigkeit
- goldene Ornamente am S-Bogen	= Sonnenstrahlen
- warme gold-braune Farbe	= Sonnenwärme
- mythologische Motive	= Mythe des Sonnengott-Göttervaters
- Hügelgrab	= Wiedergeburt am Morgen
- Drache	= Sonnengott in der Unterwelt
- Krone	= Göttervater

- Trinkhorn	= ritueller Wiedergeburts-Trank
- goldener Ring	= Symbol der Sonne
- Triskelis	= Symbol der Sonnenzyklus

Man sollte daher die Gestaltung der Harfe und die Weihung idealerweise gleichzeitig planen – beides hat dieselbe Wurzel in dem, was man mit der Harfe tun will.

Bei aller Kreativität, die man auf die Gestaltung der Harfe und auf die Harfen-Weihe verwendet, sollte man sich jedoch immer bewußt bleiben, daß das Spielen der Harfe letztlich das Wichtigste ist. Man erschafft sich durch den Bau, die Gestaltung und die Weihe der Harfe ein gutes Werkzeug, aber die Qualität dessen, was man damit erschafft, hängen vor allem von dem eigenen Geschick beim Spielen ab. Wie die Germanen sagen: „Ein großer Mut und ein stumpfes Schwert sind besser als ein kleiner Mut und ein scharfes Schwert."

Mit dem „Geschick beim Spielen" ist hier nicht die Schnelligkeit der aufeinander folgenden Töne, die Komplexität der Akkorde u.ä. gemeint, sondern die Fähigkeit, sich beim Harfe-Spielen ganz auf das Ziel des Harfenspiels auszurichten, wozu möglicherweise auch die Ausrichtung auf eine Seele, eine Gottheit, den Geist eines Waldes o.ä. sowie der Kontakt zu diesen Wesen gehört.

Schließlich prägt auch noch der Gebrauch der Harfe die Harfe selber – die Harfe erhält durch das, was man mit ihr tut (oder nicht tut) eine Biographie, die dann beim Spielen der Harfe mehr oder weniger deutlich mitschwingt. Die Weihung einer Harfe ist eine bewußte Gestaltung und Prägung dieser Biographie der Harfe. Man kann statt „Prägung der Biographie" auch „Prägung der Erinnerung" oder „Prägung des Lebenskraftkörpers" sagen.

Je nach dem, wie intensiv man eine solche Weihung durchführt, kann die Harfe auch ein eigenständiges Wesen entwickeln, das deutlich wahrnehmbar wird – schließlich kann man auch künstliche Geister herstellen („Imagospurius", „Spiritus familiaris"). Es ist bei einer Harfenweihe also auch sinnvoll, sich zu überlegen, wie das Ergebnis der Harfenweihe aussehen soll und welche konkreten Wirkungen sie haben soll.

Man sollte sich auch bewußt entscheiden, ob man anderen von der Weihung erzählt oder nicht und ob man auch andere auf der geweihten Harfe spielen lassen will oder nicht.

IX 2.   Der allgemeine Aufbau einer Weihung

Eine Weihung besteht im Wesentlichen darin, daß man den geweihten Gegenstand imaginativ mit einer Gottheit o.ä. verbindet. Die Weihung findet folglich im Bereich der Lebenskraft statt. Die Lebenskraft wird meist als eine Art „magischer Substanz" aufgefaßt, was für die Imagination auch hilfreich ist, bei der sie innerlich, seltener auch äußerlich als leuchtender Nebel, als Rauch, als Licht o.ä. gesehen wird.

Die Lebenskraft ist jedoch im Grunde einfach die in optische Wahrnehmungen übersetzten Strukturen und Vorgänge an dem Übergang von Bewußtsein zur Materie. Durch die Weihung wird daher sozusagen die Bewußtseinsseite der Harfe vergrößert, intensiviert, strukturiert usw. Dies kann am einfachsten durch die Verbindung der Harfe mit einer Gottheit erreicht werden, da eine Gottheit eine sehr große Größe und Intensität sowie die zur Weihung passende Qualität und Struktur (ihre Mythen) hat – wobei das hier jetzt sehr technisch formuliert worden ist.

Die konkrete Weihung kann einen sehr verschieden komplexen Aufbau haben. Die Effektivität hängt keineswegs von der Komplexität des Rituals, sondern von seiner Intensität ab – die Komplexität ist lediglich eine Hilfsmittel für das Erlangen einer ausreichend hohen Konzentration und Einsgerichtetheit. Man sollte daher das Weihungs-Ritual so gestalten, daß man sich mit ihm wohlfühlt und es einen bei der Konzentration und der Imagination optimal unterstützt. Im Folgenden wird ein Ritual mittlerer Komplexität beschrieben.

Bei der Wahl der Gottheit, die man bei der Weihung anruft, sollte man sorgfältig sein und sich vorher die Mythen dieser Gottheit genau durchlesen – die Mythen der bei der Weihung angerufenen Gottheit neigen dazu, sich in der einen oder anderen Form dann auch im eigenen Leben und im Umgang mit der geweihten Harfe umzusetzen.

IX 3.   Eine Harfen-Weihung

1. Wahl eines passenden Zeitpunktes:

    a) Wenn es nicht einen speziellen, besonders gut geeigneten Zeitpunkt geben sollte, ist ein Vollmond passend. Für eine Harfe, die durch die Weihung mit einem Sonnengott-Göttervater verbunden werden soll, ist auch die Jul-Nacht (Mittwinter am 21.12.) gut geeignet, da dieser Gott in seinen Mythen in dieser Nacht wiedergeboren wird.

2. Vorbereiten des Weihungsortes:

    a) aufräumen, reinigen u.ä.

    b) evtl. eine Statue des Gottes, den man anrufen will, auf den Altar stellen; Kerzen entzünden o.ä.

3. Eröffnung des Rituals:

    a) Eröffnung des Rituals durch das Kleine Pentagramm-Ritual, durch das Ziehen eines Schutzkreises o.ä. Dies sollte man auf die Weise durchführen, mit der man sich am wohlsten fühlt und die einem geläufig ist.

4. Anrufung des passenden Elementes:

    a) Wenn man die Harfe z.B. dem keltischen Sonnengott-Göttervater Dagda weihen will, wäre die Anrufung des Feuers in alle sieben Richtungen (Osten, Süden, Westen, Norden, oben, unten, Mitte) passend, da die Sonne feurig ist. Dies kann man z.B. mit dem Feuer-Pentagramm, das man in den sieben Richtungen imaginiert, durchführen. Das siebte Pentagramm, also das Pentagramm der Mitte, wird über der Harfe imaginiert.

    b) Schließlich imaginiert man, daß von allen sechs äußeren Richtungen das Feuer in die Harfe fließt und alle ihre Teile erfüllt – den Klangkörper, den Bogen, den S-Bogen, die Saiten, die Stimmwirbel …

5. Anrufung des passenden Planeten:

    a) Bei einer dem Dagda geweihten Harfe wäre die Anrufung der Sonne mithilfe des Sonnen-Hexagramms in den sieben Richtungen passend. Das siebte Hexagramm wird über der Harfe, die in der Mitte des Ritual-Ortes steht, imgainiert.

    b) Schließlich imaginiert man, daß von allen sechs äußeren Richtungen die Lebenskraft der Sonne in die Harfe fließt und alle ihre Teile erfüllt.

6. Anrufung der passenden Gottheit:

a) Bei einer Harfe, die dem Dagda geweiht werden soll, ruft man mit einem vorgefertigten Text oder improvisiert den Gott Dagda an. Dabei imaginiert man den Gott vor dem Altar, hinter der Harfe oder an sonst einem Platz an dem Ritual-Ort, der einem passend erscheint. In dieser Anrufung beschreibt man den Gott Dagda: sein Aussehen, seine Gegenstände (Instrumente, Waffen u.ä.), seine Verwandtschaftsverhältnisse, seine Mythen usw. Dadurch sollte ein lebendiges (inneres) Bild des Dagda vor einem entstehen. Diesen Teil der Anrufung spricht man in der Form „Dagda ist … Dagda tut … Dagda will …"

b) Bei dem nächsten Teil stellt man den Bezug von Dagda zu einem selber und zu der Harfe her. Man sagt also Dagda, was man will, warum man ihn ruft usw. Dabei wendet man sich direkt an ihn, d.h. man spricht nun in der Form „Du bist … Du tust … Du willst … Ich bitte Dich … Ich habe Dich gerufen, weil …" Dabei entsteht eine Verbindung zwischen Dagda, einem selber und der Harfe, die man als ein Fließen von Lebenskraft (ein milchigweißes Leuchten mit einem leichten Blauschimmer) imaginieren kann.

c) Nun bittet man Dagda, die Harfe zu weihen. Dabei geht man innerlich zu der z.B. hinter der Harfe imaginierten Gestalt des Dagda und vereint sich mit ihm. Man wechselt daher auch wieder die Form, in der man spricht: „Ich bin … Ich tue … Ich will …" Man spricht folglich als Dagda selber die Harfen-Weihung. Idealerweise wird das Sprechen ab spätestens dieser Phase sowohl intuitiv als auch sehr kraftvoll. Man legt als Dagda seine Hände auf die Harfe und macht sie zu seiner eigenen Harfe, d.h. zu Dagdas Harfe – man identifiziert die konkrete Harfe vor sich mit Dagdas Goldener Harfe.

7. Freiraum:

a) Man sollte nach dieser Weihung schauen, was sich gerade richtig anfühlt. Schweigen und dem Erlebten nachspüren? Als Dagda auf der Harfe spielen? Dagda danken?

8. Beenden der Invokation:

a) Rückkehr aus der Identifikation mit Dagda. Danach steht Dagda wieder vor einem und man selber ist wieder man selber.

9. Beenden des Rituals:

a) Das Beenden sollte dem Beginnen entsprechen, also z.B. mit dem Kleinen Pentagramm-Ritual durchgeführt werden, wenn man das Ritual auch auf diese Weise begonnen hat.

IX 4.   Eine intensivere Form der Weihung

Diese Form der Weihung ist wirkungsvoller, aber sie ist auch mit zwei Risiken verbunden.

Beide Risiken beruhen darauf, daß sich die Harfe durch diese Form der Weihung zu einem teilweise eigenständigen Wesen entwickeln kann.

Das eine Risiko besteht eben darin, daß die Harfe eigenständiger wird – das kann man mit dem Wesen des „Einen Ringes" im „Herrn der Ringe" vergleichen, der aus sich heraus danach strebt, zu Sauron zurückzukehren.

Das andere Risiko besteht darin, daß man sich eng an diese Harfe bindet und ihr einen Teil der eigenen Lebenskraft überträgt – auch das entspricht wieder dem „Einen Ring". Die Auflösung, die Zerstörung oder der Verlust eines auf diese Weise geweihten Gegenstandes wird geradezu als Schwächung und Amputation erlebt – auch dies wird im „Herrn der Ringe" anschaulich am Beispiel des „Einen Ringes" beschrieben.

Ein drittes mögliches Risiko besteht darin, daß sich die Mythologie der bei dieser Weihung angerufenen Gottheit noch stärker im eigenen Leben umsetzt als bei einer einfachen Weihung.

Diese intensivere Weihung enthält einige zusätzliche Elemente, die in der normalen Weihung nicht vorkommen:

1. In die Harfe wird ein „Bauelement" eingefügt, daß die „Seele" der Harfe darstellt. Bei einer Harfe, die dem Dagda geweiht werden soll, könnte dies ein kleines Stück Gold in dem Klangkörper sein, eine goldene Sonnenscheibe auf der Stirn der Harfe, ein winziges Gefäß mit ein wenig homöopathischem „Aurum chloratum C200" (eine Gold-Lösung) in dem Klangkörper oder ähnliches. Dieses Einfügen geschieht vor Beginn des Rituals.

2. Die „Seele" der Harfe wird mit einem Tropfen des eigenen Blutes und mit Aurum chloratum C200 bestrichen bzw. ein Tropfen Blut wird dem Aurum chloratum in dem kleinen Gefäß beigemischt. Auch dies wird vor dem Beginn des Rituals durchgeführt.

3. Nach der Anrufung des Elementes in dem normalen Ritual fügt man einen Teil ein, in dem man durch die eigene Hand einen Teil der eigenen Lebenskraft in die Harfe sendet – das Element Erde, das Element Wasser, dann Luft und schließlich Feuer und Licht.

4. Nach der Anrufung des Planeten in dem normalen Ritual fügt man einen Teil ein, in dem in der Harfe die sieben Chakren imaginiert – entweder in dem Bogen der irischen Harfe oder in der Säule der böhmischen Harfe bzw. der Konzertharfe. Dabei sendet man erneut Lebenskraft in die Harfe und stellt sich die Chakren als leuchtende Punkte vor.

5. Bei der Weihung durch die Gottheit stellt man sich zusätzlich von dem obersten Chakra der Harfe aus einen Lichtstrahl zu der Gottheit vor und von dem untersten Chakra aus einen Lichtstrahl zu dem glühenden Eisen-Nickel-Kern der Erde, also zu dem Wurzelchakra der Erde.

6. Nach der Weihung durch Dagda in dem normalen Ritual wird der Harfe ein Namen gegeben, den man für sich behält und mit dem man innerlich die Harfe wie ein Lebewesen anspricht. Bei diesem Geben des Namens, also der „Taufe der Harfe", stellt man sich vor, daß die Kundalini der Harfe zu fließen beginnt, also daß Lebenskraft durch die sieben Chakren in dem Bogen bzw. der Säule der Harfe aufsteigt und rings um sie wieder zu dem untersten Chakra herunterfließt.

Die Weihung einer Harfe auf diese Weise ist, wie gesagt, mit einigen Risiken verbunden. Es könnte geschehen, daß man sich auf einmal in einer Mythe oder in einem Fantasy-Roman wiederfindet – nur eben nicht als Leser auf einem bequemen Sofa mit einer Tasse heißem Kakao auf dem Beistelltisch, sondern als Hauptfigur inmitten von Ereignissen, die man so vielleicht garnicht erleben wollte.

- - -

Und nun werde ich das tun, was das eigentlich Wichtige ist: Meine Harfe nehmen, in mich lauschen und mein Lied durch meine Finger in die Saiten fließen lassen …

Bücher von Harry Eilenstein

„Magie für Anfänger"

- Telepathie für Anfänger (60 S.)
- Telepathie für Fortgeschrittene (52 S.)
- Telekinese für Anfänger (52 S.)
- Lebenskraft für Anfänger (60 S.)
- Meditation für Anfänger (56 S.)
- Kundalini für Anfänger (100 S.)
- Hypnose für Anfänger (56 S.)
- Auto-Movement für Anfänger (56 S.)
- Chakra-Magie für Anfänger (148 S.)
- Astralreisen für Anfänger (56 S.)
- Astrologie für Anfänger (120 S.)
- Ritual-Magie für Anfänger (56 S.)
- Mandalas für Anfänger (68 S.)
- Geldzauber für Anfänger (56 S.)
- Liebeszauber für Anfänger (52 S.)
- Invokationen für Anfänger (52 S.)
- Evokationen für Anfänger (60 S.)
- Elfen für Anfänger (56 S.)
- Magie-Forschung für Anfänger (140 S.)
- Selbsterkenntnis für Anfänger (52 S.)
- Zahlensymbolik für Anfänger (60 S.)
- Die Sprache des Mondes – für Anfänger (116 S.)
- Zaubergesänge für Anfänger (100 S.)
- Zukunftschau für Anfänger (60 S.)
- Schamanismus für Anfänger (52 S.)
- Magische Gegenstände für Anfänger (68 S.)
- Da'ath-Magie für Anfänger (64 S.)
- Kornkreise für Anfänger (348 S.)
- Feng Shui für Anfänger (96 S.)
- Magie für Anfänger – Sammelband I (696 S.)
- Magie für Anfänger – Sammelband II (664 S.)
- Magie für Anfänger – Sammelband III (580 S.)

„Traumreisen"

- Traumreisen zu Heilpflanzen (700 S.)

Magie

- Handbuch für Zauberlehrlinge (408 S.)
- Tarot (104 S.)
- Physik und Magie (184 S.)
- Die Magie-Formel (156 S.)
- Krafttiere – Tiergöttinnen – Tiertänze (112 S.)
- Schwitzhütten (524 S.)
- Mythen und Magie der Harfe (116 S.)

Meditation

- Der Lebenskraftkörper (230 S.)
- Die Chakren (100 S.)
- Das Chakren-System mit den Nebenchakren (296 S.)
- Organe und Chakren (64 S.)
- Die platonischen Körper in den Chakren (156 S.)
- Meditation (140 S.)
- Drachenfeuer (124 S.)
- Kundalini I (676 S.)
- Reinkarnation (156 S.)
- einsgerichtet (140 S.)

Astrologie

- Astrologie (496 S.)
- Photo-Astrologie (428 S.)
- Die astrologischen Aspekte (88 S.)
- Horoskop und Seele (120 S.)

Kabbala

- Kursus der praktischen Kabbala (150 S.)
- Eltern der Erde (450 S.)
- Blüten des Lebensbaumes:
    - Die Struktur des kabbalistischen Lebensbaumes (370 S.)
    - Der kabbalistische Lebensbaum als Forschungshilfsmittel (580 S.)
    - Der kabbalistische Lebensbaum als spirituelle Landkarte (520 S.)

Bücher von Harry Eilenstein

Religion allgemein

- Die sieben Schritte des Lebens (428 S.)
- Muttergöttin und Schamanen (168 S.)
- Göbekli Tepe (472 S.)
- Die Göttin von Göbekli Tepe (144 S.)
- Totempfähle (440 S.)
- Christus (60 S.)
- Dakini (80 S.)
- Vajra (76 S.)

Ägypten

- Hathor und Re 1: Götter und Mythen im Alten Ägypten (432 S.)
- Hathor und Re 2: Die altägyptische Religion – Ursprünge, Kult und Magie (396 S.)
- Isis (508 S.)

Indogermanen

- Die Entwicklung der indogermanischen Religionen (700 S.)
- Wurzeln und Zweige der indogermanischen Religion (224 S.)

Germanen

- Die Götter der Germanen (87 Bände – siehe nächste Seite)
- Odin (300 S.)

Kelten

- Cernunnos (690 S.)
- Taliesin (228 S.)
- Der Kessel von Gundestrup (220 S.)
- Der Chiemsee-Kessel (76)

Psychologie

- Über die Freude (100 S.)
- Das Geheimnis des inneren Friedens (252 S.)
- Das Beziehungsmandala (52 S.)
- Gefühle und ihre Verwandlungen (404 S.)
- einsgerichtet (140 S.)
- Liebe und Eigenständigkeit (216 S.)
- Von innerer Fülle zu äußerem Gedeihen (52 S.)

Heilung

- Die Symbolik der Krankheiten (76 S.)

Kunst

- Herz des Tanzes – Tanz des Herzens (160 S.)

Drama

- König Athelstan (104 S.)

Die Themen der 87 Bände der Reihe „Die Götter der Germanen"

1. Die Entwicklung der germanischen Religion
2. Lexikon der germanischen Religion
3. Der ursprüngliche Göttervater Tyr
4. Tyr in der Unterwelt: der Schmied Wieland
5. Tyr in der Unterwelt: der Riesenkönig   Teil 1
6. Tyr in der Unterwelt: der Riesenkönig   Teil 2
7. Tyr in der Unterwelt: der Zwergenkönig
8. Der Himmelswächter Heimdall
9. Der Sommergott Baldur
10. Der Meeresgott: Ägir, Hler und Njörd
11. Der Eibengott Ullr
12. Die Zwillingsgötter Alcis
13. Der neue Göttervater Odin   Teil 1
14. Der neue Göttervater Odin   Teil 2
15. Der Fruchtbarkeitsgott Freyr
16. Der Chaos-Gott Loki
17. Der Donnergott Thor
18. Der Priestergott Hönir
19. Die Göttersöhne
20. Die unbekannteren Götter
21. Die Göttermutter Frigg
22. Die Liebesgöttin: Freya und Menglöd
23. Die Erdgöttinnen
24. Die Korngöttin Sif
25. Die Apfel-Göttin Idun
26. Die Hügelgrab-Jenseitsgöttin Hel
27. Die Meeres-Jenseitsgöttin Ran
28. Die unbekannteren Jenseitsgöttinnen
29. Die unbekannteren Göttinnen
30. Die Nornen
31. Die Walküren
32. Die Zwerge
33. Der Urriese Ymir
34. Die Riesen
35. Die Riesinnen
36. Mythologische Wesen
37. Mythologische Priester und Priesterinnen
38. Sigurd/Siegfried
39. Helden und Göttersöhne
40. Die Symbolik der Vögel und Insekten
41. Die Symbolik der Schlangen, Drachen und Ungeheuer
42.a Die Symbolik der Herdentiere I
42.b Die Symbolik der Herdentiere II
43. Die Symbolik der Raubtiere
44. Die Symbolik der Wassertiere und sonstigen Tiere
45. Die Symbolik der Pflanzen
46. Die Symbolik der Farben
47. Die Symbolik der Zahlen
48. Die Symbolik von Sonne, Mond und Sternen
49.a Das Jenseits I – Das Hügelgrab
49.b Das Jenseits II – Der Jenseitsweg
50. Seelenvogel, Utiseta und Einweihung
51. Wiederzeugung und Wiedergeburt
52. Elemente der Kosmologie
53. Der Weltenbaum
54. Die Symbolik der Himmelsrichtungen und der Jahreszeiten
55.a Mythologische Motive I
55.b Mythologische Motive II
56. Der Tempel
57. Die Einrichtung des Tempels
58. Priesterin – Seherin – Zauberin – Hexe
59. Priester – Seher – Zauberer
60. Rituelle Kleidung und Schmuck
61. Skalden und Skaldinnen
62. Kriegerinnen und Ekstase-Krieger
63. Die Symbolik der Körperteile
64.a Magie und Ritual I
64.b Magie und Ritual II
64.c Magie und Ritual III
65. Gestaltwandlungen
66.a Magische Angriffs-Waffen
66.b Magische Verteidigungs-Waffen
67. Magische Werkzeuge und Gegenstände
68. Zaubersprüche
69. Göttermet
70. Zaubertränke
71. Träume, Omen und Orakel
72. Runen
73. Sozial-religiöse Rituale
74. Weisheiten und Sprichworte
75. Kenningar
76. Rätsel
77. Die vollständige Edda des Snorri Sturluson
78. Frühe Skaldenlieder
79.a Mythologische Sagas I
79.b Mythologische Sagas II
80. Hymnen an die germanischen Götter